知識ゼロからの

為替相場入門

弘兼憲史　佐藤治彦

幻冬舎

はじめに

外国為替市場はダイナミックだし面白い。

若いころ銀行員として外国為替市場で働いた私は、ロイターが伝えるアメリカの経済指標や湾岸戦争、共産圏の崩壊といった国際情勢の変化に反応し、常に変化していくドル円レートを毎日、いや毎時毎分追いかけたものだ。各国の政治経済の実態と、その行方を判断し巨大な資金が流れていくのを目撃したのだ。しかし、この魅力的な市場に参加できるのは金融機関や輸出入をする大会社といった限られた層が中心だった。特に個人投資家などは、最新の情報を得て取引に参加することはとても難しかったものだ。

しかし21世紀になり、ＩＴの爆発的な普及によって、個人投資家でも今までとは比べものにならないほどの情報を得ることができ、また、容易に取引に参加できるようになった。今や外貨預金やＦＸ取引、外国債券、海外株式投資など、多くの人が外貨運用を自らの判断で行うようになってきた。

だが、それらの人に必要な知識や情報をきちんとまとめた書物が少ないことに気がついた。外貨運用で成功するために必要なことは、世界のマネーの潮流をいち早く読むことだ。経済や政治の変化に反応し、いったい巨大な資金がどこに流れていくか、それをいち早く見極め投資すれば、資産は増える。

この本は外国為替の基本から説き起こし、金融商品の特性や市場の実態、その歴史と今後の注目ポイントなどをまとめた。皆さんの資産運用にも何らかの形で生かされるとともに、外国為替の変化から経済や政治の変化を読み解くヒントにもなると思う。本書の読者が外国為替市場や経済の面白さに気がつくのに少しでも役に立てれば本望である。

２００９年７月　佐藤治彦

知識ゼロからの為替相場入門

Contents

はじめに……1

序章1 知らないうちに円定期預金で損をする時……8

序章2 リスクを取ることが、リスクを減らすことにつながる……10

序章3 評論家や雑誌の言いなりで儲かったことがありますか？……12

第1章 知識ゼロからの外国為替超入門 14

概要 円高・円安超入門……16

Chapter

1 海外旅行で実感する円高・円安……18

2 円高になってもおトク感がないのはなぜ？……20

3 円高・円安で儲ける企業 損する企業……22

4 円高で年金が減り、円安で生命保険の配当金が増える!?……24

5 円高になっても損をしない輸出企業とは？……26
6 円高ドル安とドル安円高は違う!?……28
7 中央銀行はなぜ市場介入をするのか？……30
Column 時には日本国内のことも外貨建てで考えてみよう……32

第2章 外国為替取引で知っておきたいこと

34

Chapter

概要 そもそも為替って何？……36
1 外貨取引はビジネスチャンスがいっぱい……38
2 銀行間での外貨取引の実際……40
3 実際は24時間ではない!?　為替市場の実態……42
4 為替レートはどのように決まってきたのか……44
5 ドルが基軸通貨の時代は終わるのか？……46
6 まだまだ残る固定相場制度、需給で動く変動相場制度……48
7 実体経済を上回るマネーゲームの実態……50

8 GDPがわからなければ為替の先読みはできない……52
9 最低限知っておきたい経済指標は外務省のホームページで見る……54
10 外為取引に潜むリスク　その1　為替変動リスク……56
11 外為取引に潜むリスク　その2　金利変動リスク、信用リスク……58
12 外為取引に潜むリスク　その3　流動性リスク、電子取引リスク、税金……60
13 中身と利便性で金融機関を選ぼう……62
14 外国為替取引をするのなら各国の特徴を知っておこう……64
Column 同じリスクを取っていて利益を出せる人、出せない人……68

第3章 日本一わかりやすい最新金融商品入門 70

概要 この10年でガラッと変わった金融商品……72
Chapter
1 どこよりもわかるデリバティブ入門　その1　先物取引……74
2 どこよりもわかるデリバティブ入門　その2　スワップ取引……76
3 どこよりもわかるデリバティブ入門　その3　オプション取引1……78

4 どこよりもわかるデリバティブ入門　その４　オプション取引２……80
5 ＦＸ取引入門①　大ブームのＦＸ取引を一言でいうと？……82
6 ＦＸ取引入門②　世界経済を一変させるレバレッジとは？……84
7 ＦＸ取引入門③　マージンコールとロスカット……86
8 ＦＸ取引入門④　デイトレーダーが気にしているスプレッドとは？……88
9 ＦＸ取引入門⑤　デイトレーダーが気にしているスワップポイントとは？……90
10 高利回りで注目を集める外国債券のいろいろ……92
Column チャートで利益を出せる時、出せない時……94

第4章 為替相場を大きく動かしたもの 96

概要 為替をとりまくさまざまな要因……98
Chapter
1 ドル円相場は１９７１年のドル・ショックから始まった……100
2 １９８５年　プラザ合意とバブル経済……102
3 １９９５年４月19日　超円高１ドル79円75銭……104

4 1997年　アジア通貨危機は超円高から起こった……106
5 イギリス経済が死に直面した24時間……110
6 超円高でアメリカに何が起きたのか？……112
7 政策金利を見ればよくわかる中央銀行の本音……116
8 将来の金利が予想できるイールドカーブって何？……118
Column 大損したくない人のためのデリバティブのツボ……120

第5章 これからの為替市場を動かす最重要項目10 122

概要 今、資金はどこに向かっているのか？……124

Chapter

1 ドルを脅かしつつあるユーロの実態……126
2 人民元自由化の世界経済へのインパクト……128
3 経済力を強めつつあるBRICs……130
4 オイルマネーで力をつけたイスラム金融入門……132
5 環境問題と環境ビジネス……134

6 物価がわかれば為替が見える……136
7 世界経済を動かすヘッジファンドの実態……138
8 サブプライムローンが必要だったアメリカ経済……140
9 次の時限爆弾はＣＤＳ!?……142
10 ドル暴落は果たして起こるのか？……144
Column 取引市場の主役になりつつある政府系ファンドの行方……146

巻末付録 ドル円40年史……148

おわりに……152
索引……153
参考資料文献……157

普通預金に預けておけば目減りしない
損をしないと思われているようですが
それは本当でしょうか？
日本人の投資志向は「安全第一」
です　元本割れが何よりも嫌いで
手元に１００万円があったら
１０２万円になるのはいいが
98万円になるのは絶対に避けたいと
考えます

序章1 知らないうちに円定期預金で損をする時

グローバリズムの流れの中で、日本は経済危機に直面している。20世紀型の終身雇用制度の崩壊で所得格差が広がり、雇用も所得も不安定、年金制度も健康保険制度も崩壊寸前だ。

さらにインフレ、増税の足音が確実に聞こえてくる。政治や会社に、自らの人生や将来を任せきることができない時代になりつつあるのだ。これからは、現在の生活と将来の安定を、自らの知恵と知識で勝ち取っていかなければならない。

生き抜くためのキーワードは、経済と市場のセンスがあるかないかだ。例えば、多くの人は銀行などの普通預金にはリスクがないと思っている。仮に、１００万円を年率０・４％の円定期預金にしておくとしよう。税金が引かれ、１年後に１００万３２００円になった。３２００円分増えたが、果たしてホントに利益を得たのか？　確かにお札の数は増えただろう。しかし、お金の価値はつねに変動することを忘れてはならない。

見かけの金利だけでなく、物価上昇分などを考慮した実質金利を考えなくてはいけない。入ってくるお金が増えても、出て行くお金が増えては意味がない。

経済と市場のセンスを持ち合わせている人であれば、「お金が増えた」というだけで喜ぶことはまずないのだ。

センスがないと、福沢諭吉が痩せる!?

不景気だから
こそチャンスって
こともあるのよ

序章2 リスクを取ることが、リスクを減らすことにつながる

物価安定とデフレの時代は終わった。超低金利の円預金では、インフレや消費税アップといった、お金の価値を目減りさせるものに対抗することはできない。リスクがないといわれる円預金でも、物価情勢や増税には対抗することができないというわけだ。

　この世に実質上の元本保証商品などは、どこにもない。タンス預金をしていたとしても、物価上昇リスクは全てのものを巻き込んでしまうからだ。大きな得はないかもしれないが、大きな損もしたくない。そんな安定的な平均点を取りたければ少しリスクを取ることが必要なのだ。

　これはどういうことか。外貨預金が危険だと思っている人に対して、ちょっとお尋ねしたい。今、あなたが２０００万円を持っているとする。１ドルは１００円としよう。以下の３つのプランで運用し、１年後、１ドル＝１２０円、１００円、80円となった場合、どういう結果になるだろうか？　ここでは、わかりやすいように利息はつかないものとして考える。

プラン１　全部円で運用
プラン２　全部ドルで運用
プラン３　半分ずつ円とドルとで運用

　それぞれがどのような結果を招くのか、左頁で考えてみよう。

市場センスをチェック！ どのプランを選ぶのが賢い？

「平均点をとるためにはいつも少しリスクを取る」運用方法が効果的

解　説

プラン１ 全部円で運用
　円なので、外国為替相場の変動は受けない。つまり変わらず200万円だ。

プラン２ 全部ドルで運用
　全てドル預金にしたので、外国為替相場の変動を全面的に受ける。つまり1年後の資産は、1ドル＝120円なら240万円、1ドル＝100円のままなら200万円、そして１ドル＝80円になれば160万円と、為替相場の変動で変わる。

プラン３ 半分を円、半分をドルで運用
　半分の100万円は円なので100万円のままである。残りの半分は外国為替相場の変動を受け、円と合わせて220万円、200万円、180万円と変動する。

　1ドル=80円と円高が進んだ場合、一番得なのはプラン1、一番損するのはプラン2となる。真ん中のちょい損はプラン3だ。逆に1年後に1ドル=120円と円安となった場合は、一番得するのは全部ドルにしたプラン2、一番損するのは円だけで運用していたプラン1となる。プラン3は、ここでもちょい儲けで真ん中だ。

資産を円とドルで分散したプラン３は円安でも円高でも真ん中の成績を収めることができる大きく儲けることはできないが大損もしない平均点を取れるわけだ
資産分散は大儲けも大損もしないため一番安定していることになるリスクを少し取ったように見えるが実は事実上のリスクを減らすことにつながっているんだ

株式評論家やマネー評論家の言いなりに売買して大損したという人は専門家の意見だからと闇雲に信じ自らが考えて決断していないからだ

序章 3

評論家や雑誌の言いなりで儲かったことがありますか?

経済のことを書いた本はたくさんある。ケインズやフリードマンの論に基づいて解き明かした本は、山のように出ている。果たしてそれらは、私たちの生活を守る知恵を与えてくれるだろうか?

日本経済は将来こうならなければならない、なるだろうと予想や政策を書いた本もある。しかし、そのような本を読んでも、あなたが株式や投資信託、外国為替取引、あるいは定期預金を1年ものにするか、5年ものにするかといったことを判断するにあたっては、ほとんど役に立たないだろう。

株式や投資信託、不動産投資などのマネー本も星の数ほどある。外国為替入門の本には、どんな金融商品があるかを紹介し、どうすれば買えるのか、手数料について気をつけろとか、円高になると損をする、円安になると得をするなどと書かれているだろう。しかし、それを知ってあなたは利益を生み出すことができるだろうか?

どんな時に円高になり、どんな時に円安になるのか? それを先読みする市場のセンスが身につかないと、決して資産を増やすことはできない。しかし、いったん市場のセンスが身につくと、外国為替だけでなく、株式、投資信託、不動産投資など、さまざまな市場動向が見えてくる。

本書を読んでもらえば、オバマ政権の経済政策で株式市場がどう

動くか、ＯＰＥＣ（石油輸出国機構）の決断で物価や外国為替がどちらに振れるか、日本経済の先行きを自ら考えられるようになるはずだ。

「お金があっても幸福になれない。お金がなくては生活はできない。」私が色紙を求められる時によく書く言葉だ。

お金がなくては生きていけないが、世の中のお金持ちには不幸な人も少なくない。多くの人は、結婚、住宅、教育、老後…と、人生においてお金に振り回され、苦労もする。この本は、あなたを幸せにするものではないが、あなたの人生がお金に振り回されるものではなく、お金に困らず、しかし、お金と適切な距離感を保ち、お金と上手く付き合うものとなることの一助になればと思う。

第1章

知識ゼロからの外国為替超入門

為替が今ひとつわかりにくいと感じるのはなぜだろう？
最大の理由は、「円安・円高」の意味を呑み込めきれていないからではないだろうか。
第１章では、為替変動の概念を身につけていく。

円高・円安のしくみ

「円高・円安」の意味がピンとこなければ、外貨を主語にして考えてみよう。
アメリカで日本の製品を購入する場合、円高が進行したらどうなるだろうか？

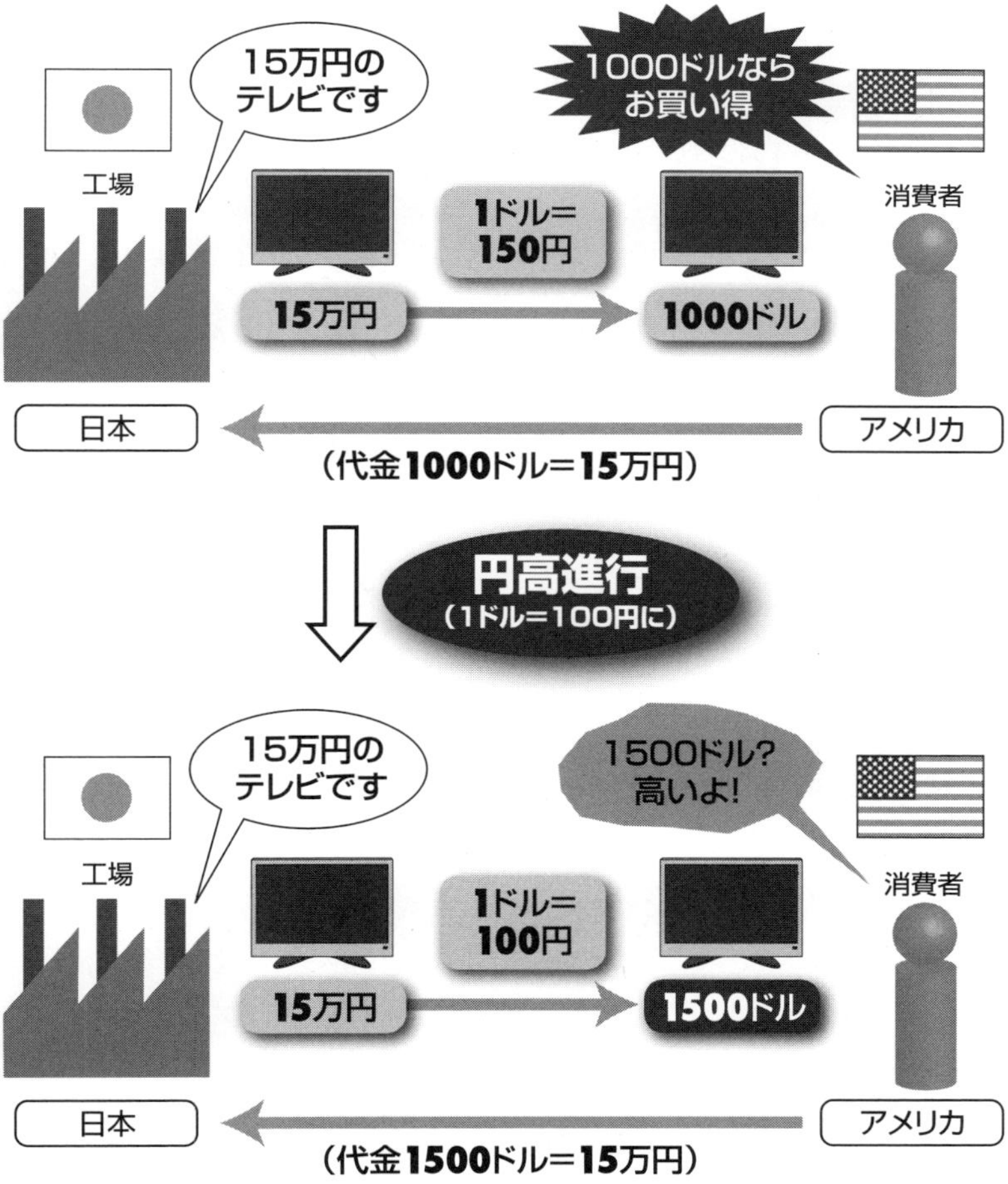

円高・円安超入門

日常生活に影響を与える円高・円安

円高・円安は、よく見ていくと日常生活に大きく影響しているのがわかる。国内にいるとお金の価値は一定のように思えても、外貨を軸にすると円の価値は上がったり下がったりしている。

円高・円安という表現を、テレビや新聞などでよく見聞きするだろう。例えば１ドル＝１２０円だったものが１００円になると、円高だといわれる。しかし、「でも、１２０円が１００円に値下がりするのだから円安じゃないか？」と思う人もいるのではないだろうか。

何かヘンテコだと思う人は、ドルを中心に考えてみるといい。例えば、１ドル持っているとする。１ドル＝１２０円の時であれば１ドル渡して１２０円と交換してもらえる。

それが、１ドル＝１００円になると、１ドルでは１００円

知っておきたいポイント

外国通貨と比較してわかる円高・円安

別の言い方をすると、円高とは、日本の円の価値が高まったこと、円安というのは円の価値が安くなったこと（＝低くなったこと）だといえる。

通常、日本国内で生活している私たちにとっては、福沢諭吉の１万円札は１万円でしかない。円高だからといって、毎日の生活をしている中で、急にその価値が高まったり、低くなったりすることはない。

しかし、その価値は、外国通貨と比較することによって、毎日のように高くなったり低くなったり変動しているのである。

にしか交換できない。１ドルが120円から100円になると、交換できる日本円は少なくなってしまう。

つまり、ドルの価値は低く（安く）なるわけだ。だから「ドル安」となる。これは、日本円に対してドルは安くなった、ということだ。別の角度から見ると、ドルに対して日本円の価値が高くなった（＝円高）のと同じことになる。

このように、ドルを中心にして円高・円安を考えるとよくわかる。１ドル＝120円が100円になると、ドルの価値が低くなり、結果として円の価値が高くなるということなので、「ドル安円高」となるわけだ。

円高・円安とは
世界の通貨の中で
円の価値が高くなった
あるいは
円の価値が低くなった
ということだ

海外旅行で実感する円高・円安

●キーワード
外貨両替

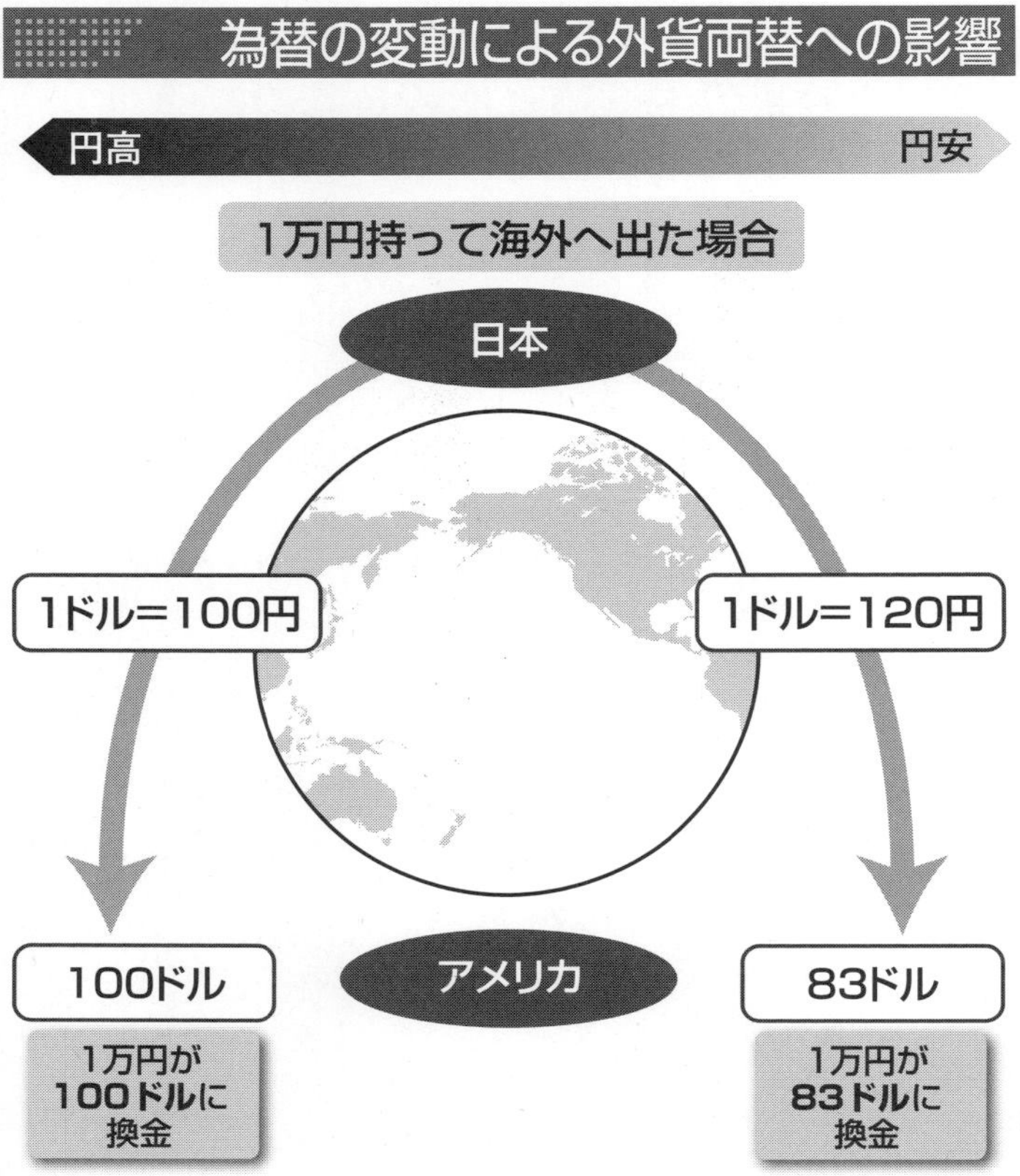
為替の変動による外貨両替への影響
円高
円安
1万円持って海外へ出た場合
日本
1ドル＝100円
1ドル＝120円
100ドル
アメリカ
83ドル
1万円が
100ドルに
換金
1万円が
83ドルに
換金

円高・円安といわれても、日常生活でそれを実感することはどれほどあるだろうか？　外国為替《かわせ》相場の変化を身近に体感できる瞬間は、何といっても海外旅行時にする**外貨への両替**だ。

例えば、1ドル＝120円の両替レートであれば、1万円で受け取れるアメリカドルは83ドルとちょっと。しかし、円高で1ドル＝100円となれば、1万円で100ドルと交換できる。

日本円は、1971年の変動相場制移行前の1ドル＝360円から1995年のクリントン政権時代の1ドル79円台まで、大きく変動した。物価の変化はあるが、そ

1971年～2008年までのドル円相場の移行

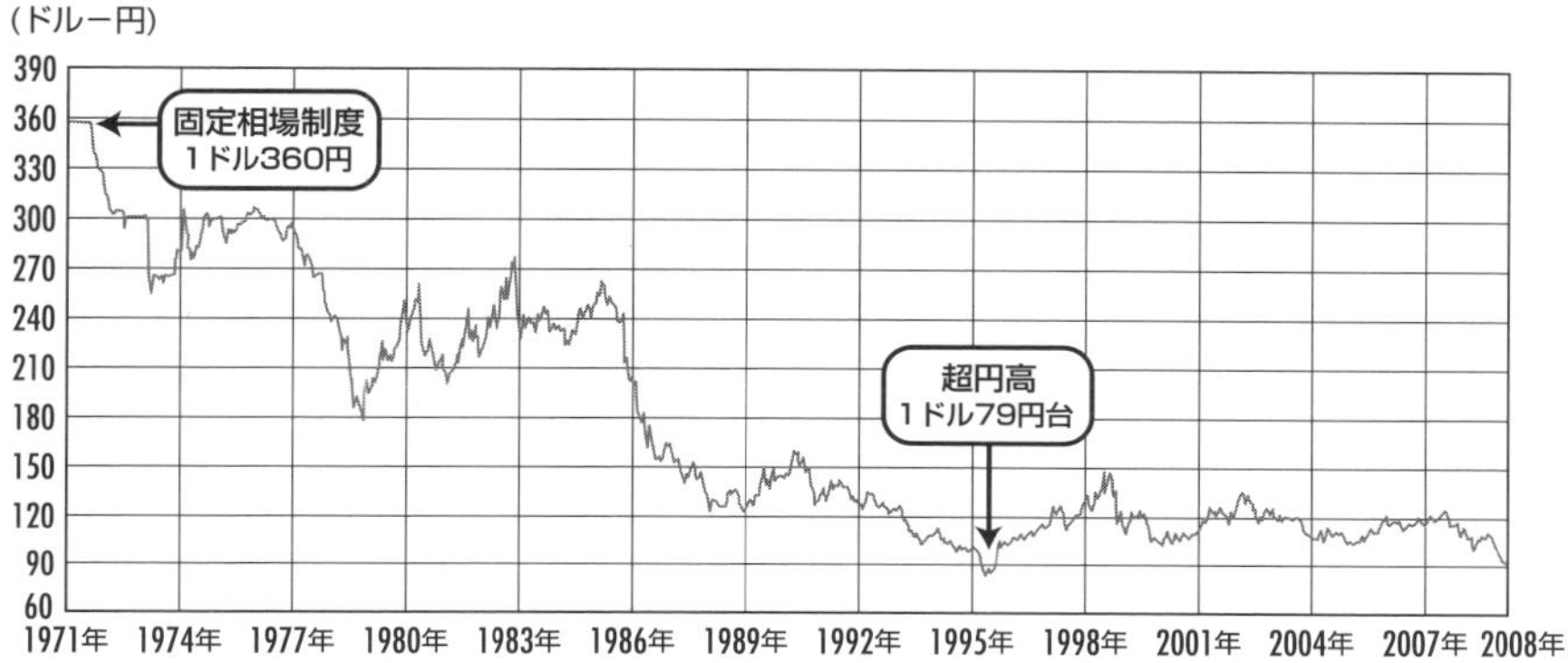
(ドル－円)
390
360
330
300
270
240
210
180
150
120
90
60
固定相場制度
1ドル360円
超円高
1ドル79円台
1971年
1974年
1977年
1980年
1983年
1986年
1989年
1992年
1995年
1998年
2001年
2004年
2007年
2008年

せっかく海外旅行にきたけど円安じゃお得感がないわね

こうなったらギャンブルで儲けよっと
ちょっとチップもらうわね

の価値は4・5倍も変化したのだ。ある国に行き、前に訪問した時と比べて3割円高であれば、その国のものは何でも3割引のように思え、逆であれば全てが割高に思うものだ。海外旅行に行くと、円高・円安をダイレクトに感じることができる。

1995年4月には、なんと1ドル79円台にまで円高が進行したんだ。この理由は104ページに詳しく書いてある。

円高になってもおトク感がないのはなぜ？

●キーワード
円高・円安／国内物価

円高・円安は、海外からの輸入品が多い**日本国内の物価**にも影響を与える。

　２００８年７月には原油価格が高騰したため、ガソリンが１リットル１８０円台にまで高騰した。

　それが、同年の秋口以降は原油価格の投機的な動きが沈静化し、※１バーレル１４７ドル台にまで上がった原油も、40ドル台にまで値を下げた。円高が進んだこともあり、11月上旬には1リットル１３０円台で落ち着いた。

　しかし、これをもう少し詳しく見ていくと、ドルは2割

ガソリン価格への影響

■ガソリン価格の内訳

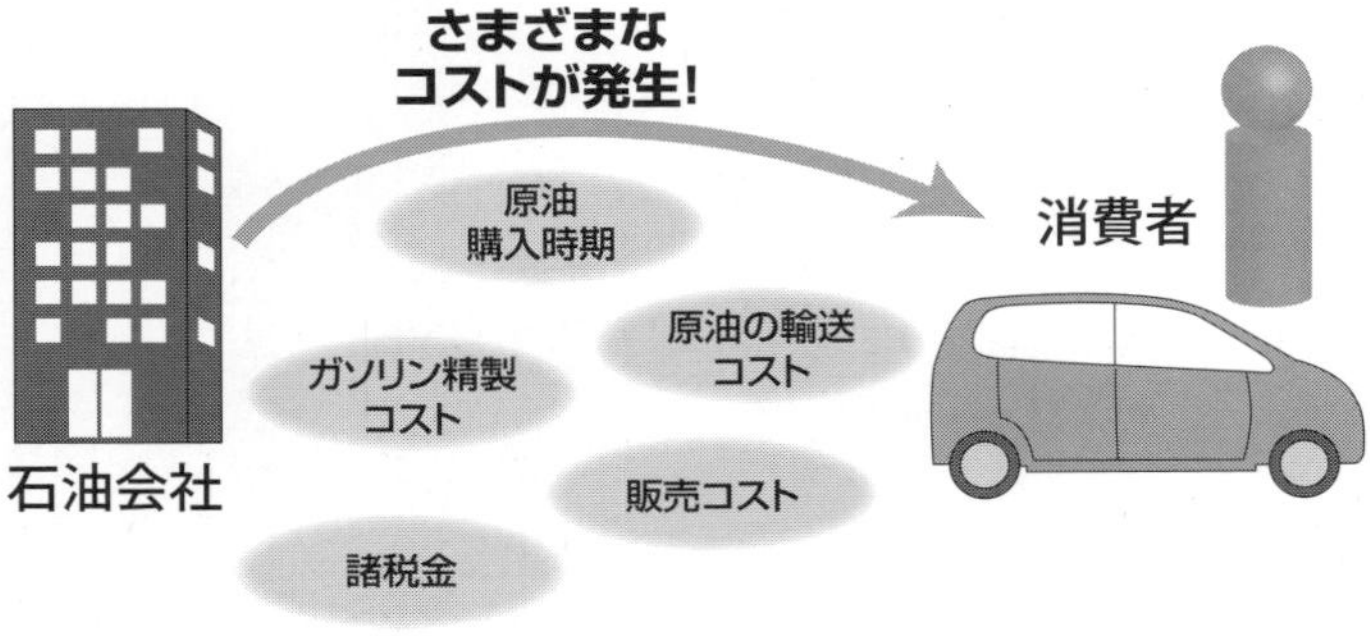
さまざまなコストが発生！
原油購入時期
原油の輸送コスト
ガソリン精製コスト
販売コスト
諸税金
石油会社
消費者

■2008年7月と11月のガソリン価格を比較してみると…

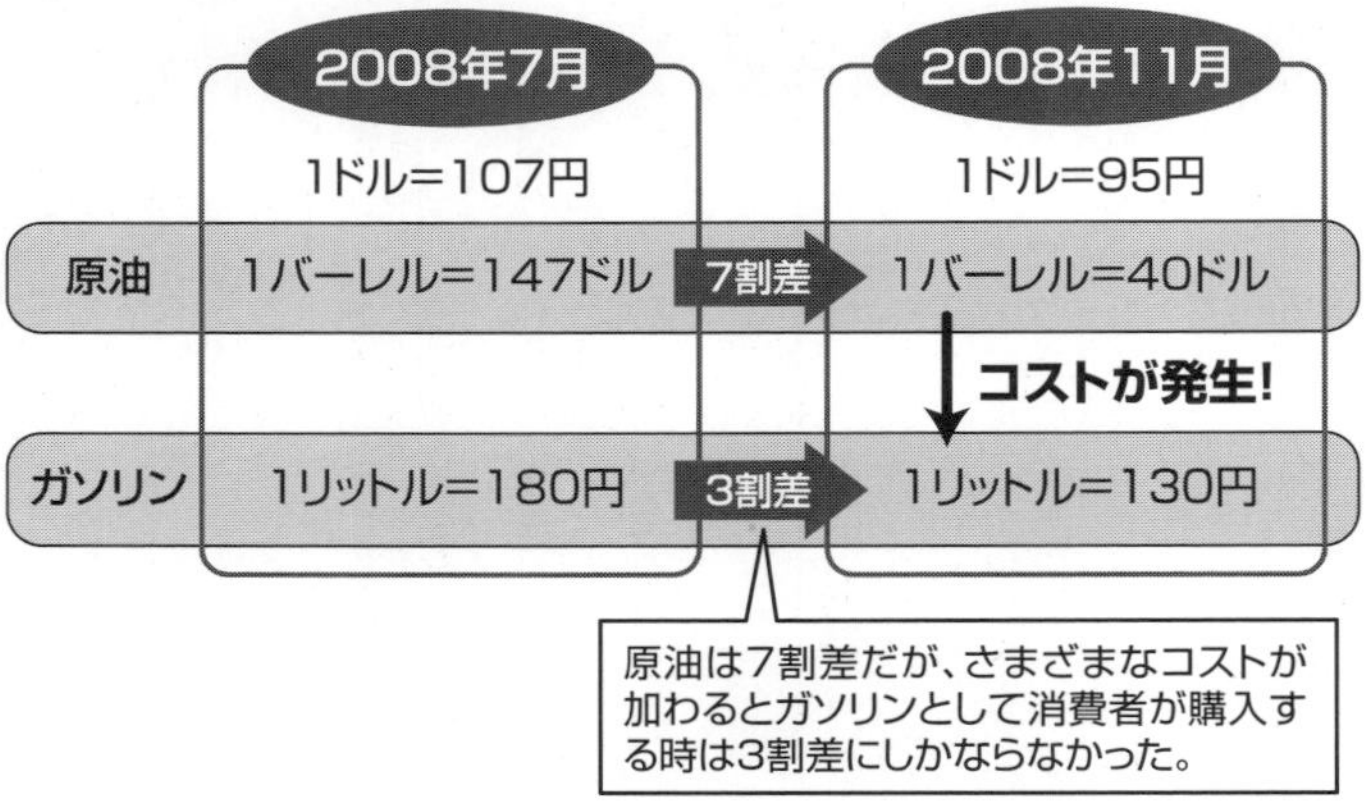
2008年7月
1ドル＝107円
2008年11月
1ドル＝95円
原油
1バーレル＝147ドル
7割差
1バーレル＝40ドル
コストが発生！
ガソリン
1リットル＝180円
3割差
1リットル＝130円
原油は7割差だが、さまざまなコストが加わるとガソリンとして消費者が購入する時は3割差にしかならなかった。

円高は輸入企業にとって有利になるので、しばしば還元セールが催されることもある。

円高に、原油価格は7割近くも下がったのに、ガソリン価格は3割程度しか下がっていない。

これはなぜか。それは、原油を購入する時期の原油価格に始まり、ガソリンの精製、原油の輸送コスト、諸税金、販売コストなどがガソリン価格には含まれるからだ。

デパートやスーパーで、円高になれば還元セールが行われることもある。しかし、3割4割と、急激に商品が大きく値下がりして得をしたと思うことはあまり多くない。

それは、さまざまな流通コストや円高の恩恵を輸入会社と消費者で、どう案分しているかによるからだ。

※1バーレル＝約159リットル

円高・円安で儲ける企業 損する企業

●キーワード
社内レート

　２００８年、大手企業の多くは、外国為替の交換率を１ドル＝１０５円前後と仮定して計算した。これは「**社内レート**」と呼ばれ、企業活動の計画をたてる時に、この１年の外国為替の平均値はこのくらいと仮定して予算を組むのだ。しかし、この社内レートははずれることも少なくない。そして、はずれれば、それは企業業績に大きく影響を与える。

　では、円高・円安は企業にどのように影響を与えるのだろうか。

　輸出企業の場合を考えてみよう。例えば、自家用車を１台１万ドルでアメリカに輸出したとする。１ドル＝１００円であれば

輸出企業の場合

■1台1万ドルの車を輸出

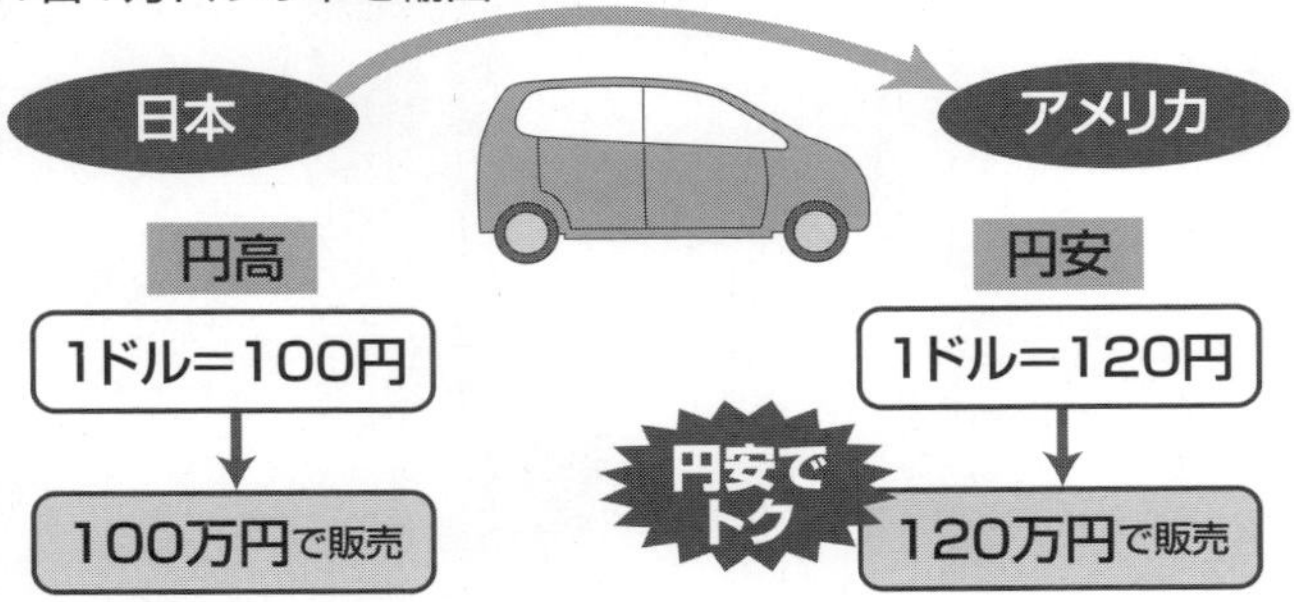

輸入企業の場合

■10枚1万円の服を輸入

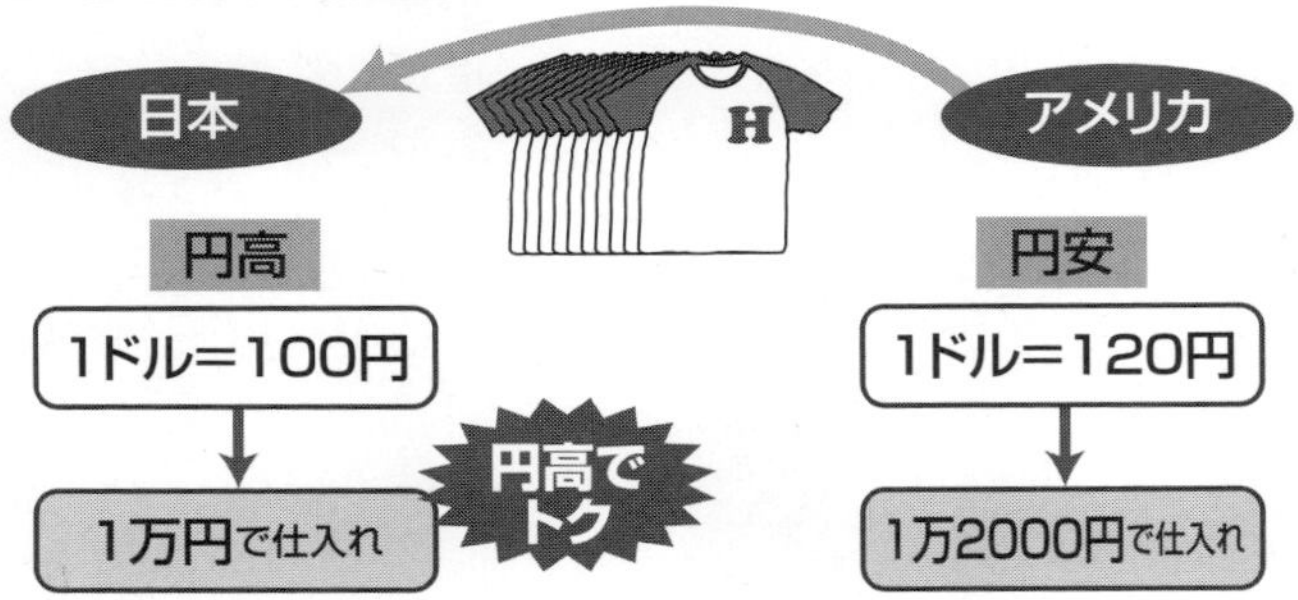

過去の円高不況

(ドルー円)
390
360
330
300
270
240
210
180
150
120
90
60
1971年
1975年
1980年
1985年
1990年
1995年
2000年
2005年
2008年
1971年8月、固定相場制から変動相場制に移行（ニクソン・ショック）。急激な円高により、日本の輸出企業では赤字を計上する企業が続出し、円高不況となった。
1985年、プラザ合意により、円高ドル安政策をとることとなる。この合意を受け、日本では急速な円高が進行し、輸出企業では赤字を計上する企業が続出。日本は円高不況に陥る。
2008年9月15日、リーマン・ブラザーズの破綻後、アメリカ経済への不安が高まり、ドルが急落。円買いが続出し、日本は輸出企業を中心に円高不況が深刻化した。

100万円、120円であれば120万円が企業に入る。つまり、輸出企業は円安になれば利益を増やし、円高であれば儲けが減ることになる。輸入企業の場合は、その逆で、100ドルのものは1ドル＝100円の時には1万円で買え、1ドル＝120円ならば1万2000円となる。円高で得をし、円安で利益を減らすことになるのだ。

　海外と取引を盛んに行う日本企業は、この為替変動に企業業績が大きく左右されてくる。社内レートよりたった1円円高になるだけで、ある大手自動車会社の場合では400億円の利益が減ってしまうといわれている。

知っておきたいポイント

中小企業の大敵・円高不況

かつて、円高不況といわれる時代があった。1971年のニクソン・ショック（P100参照）により外国為替が変動相場になった直後、輸出企業は急激なレートの変更（1ドル＝360円→308円）についていけず、円高で多くの中小企業が倒産した。

次いで、1985年前後に始まった急激な円高による悪影響。輸出企業は利益が吹っ飛び、国内工場の閉鎖やリストラ、給与のカットなどを行った。その後も事業の撤退や縮小などを繰り返してきた。普段の買物からは、あまり円高・円安の影響を感じられないが、企業は大きく影響され、それらが経済全体に影響を与えているのだ。

円高で年金が減り、円安で生命保険の配当金が増える!?

●キーワード
年金積立金管理運用独立行政法人

年金の運用状況

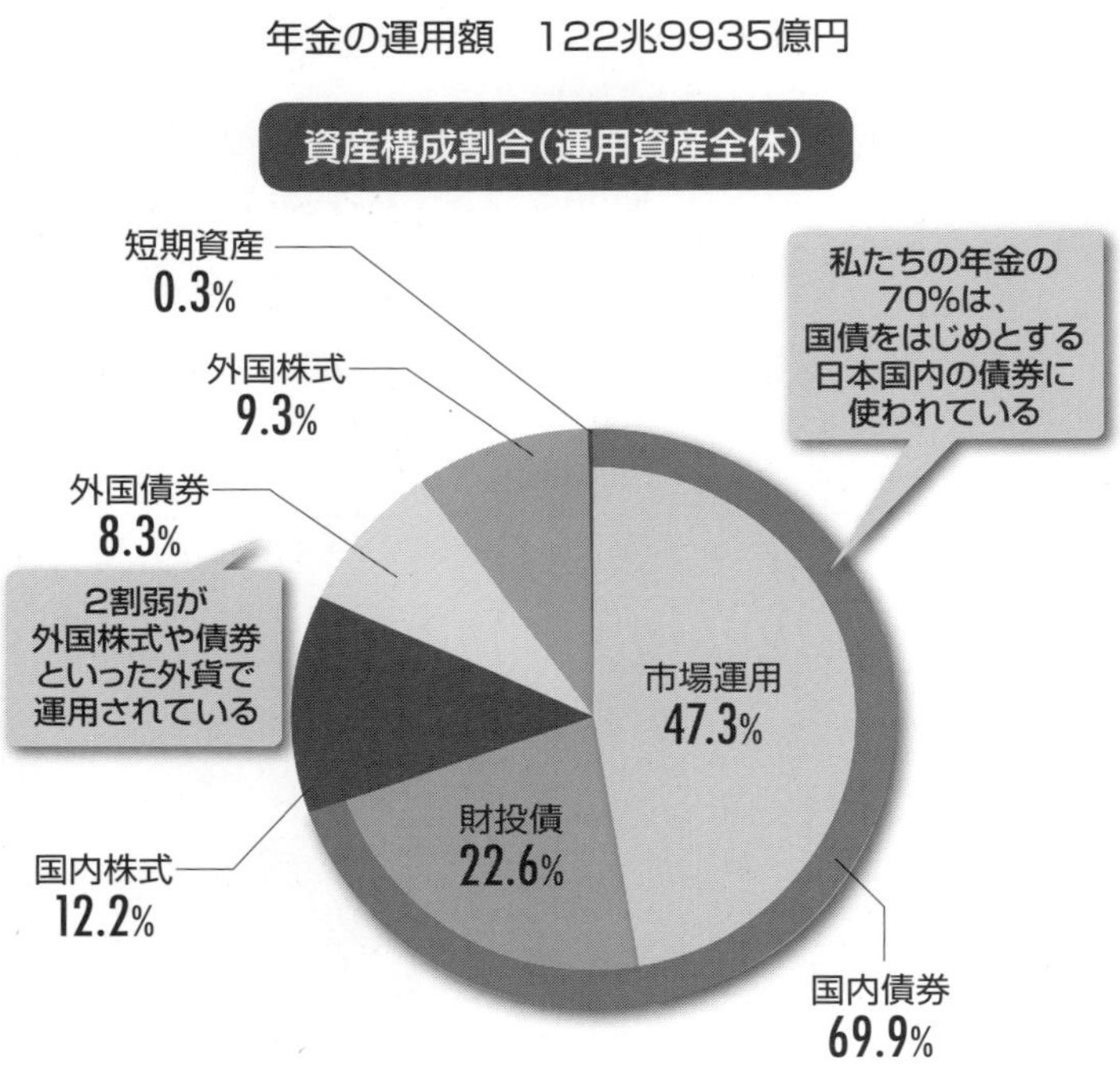
年金の運用額　122兆9935億円
資産構成割合(運用資産全体)
短期資産
0.3%
外国株式
9.3%
外国債券
8.3%
2割弱が
外国株式や債券
といった外貨で
運用されている
国内株式
12.2%
財投債
22.6%
市場運用
47.3%
国内債券
69.9%
私たちの年金の
70%は、
国債をはじめとする
日本国内の債券に
使われている

(年金積立金管理運用独立行政法人のHP
「平成20年度第1四半期運用状況」より)
※小数点第2位以下は四捨五入しています。

「**年金積立金管理運用独立行政法人**」という組織がある。私たちの大切な年金、日本人なら誰《だれ》もが関わる厚生年金と国民年金の保険料などを預かり、その管理と運用を行って将来の年金給付(支払い)に向けてお金を増やそうという組織だ。その運用金額は、平成20年６月末時点で１２２兆９９３５億円。世界でも最大級のものである。

私たちの年金は、この組織によって長期的な視点でさまざまなものに分散投資されている。

一番多いのは、国債など日本国内の債券で、その約70%が投資されている。他に、国内の株式に12・２%、外国債券に８・３%、外国株

円高で年金が減るかもしれない……
年金さえも外国為替レートの変動による影響を受ける以上、
為替は誰にでも関係しているのだ。

式に9・3%となっている。外国の債券や株式に17・6%、つまり2割弱が外貨で運用されているのだ。だから、私たちの年金は、外国為替レートの変動によって大きく影響を受けるのだ。

平成20年度第1四半期（4〜6月）の運用成績では、外国債券、海外株式自体の価格は下がったものの、円安であったために利益が出たと報告されている。

知っておきたいポイント

円高・円安は年金や保険にも影響する

年金積立金管理運用独立行政法人は、平成19年度、5年ぶりに全体で5兆8400億円もの損失を出している。主な理由は日本株式の下落だが、外国の債券や株式でも、円高になれば損失が、円安になれば利益が増加する。損失が増えて元本が大幅に減れば、将来の年金支給が苦しくなる。また、公的な年金資金だけでなく、例えば生命保険会社が契約者から集めた掛け金の一部も、外国の株式や債券などで運用されている。これらの運用によって、予定よりも多くの利益をもたらした場合は配当金が増え、損失を出すと配当金が出ない可能性がある。

このように、円高・円安は、直接外国為替取引をしていない人にとっても、直接的、間接的に関係があることを知っておきたい。

円高になっても損をしない輸出企業とは？

●キーワード
プラザ合意／円高不況

プラザ合意から学んだ教訓

プラザ合意とは

1985年9月22日、ニューヨークのプラザホテルに先進5カ国（アメリカ、イギリス、西ドイツ、フランス、日本）が集まり、協調して外国為替市場をドル安に進めることで合意した。これをプラザ合意という。

アメリカ超ドル高政策＋貿易赤字の問題が深刻化

↓

日本、フランス、イギリス、西ドイツに、ドル安対策を要求

プラザ合意

↓

日本では急激な円高が進み、1ドル240円前後が
2年後に1ドル120円台まで急伸

日本は円高不況

↓

この不況を脱するために、日本の輸出企業が以下の対策をとった

①国内販売の強化
②国内生産を海外での現地生産に切り替える
③部品調達を海外から行う

↓

結果的に日本製品の輸出力を高めることに成功

資金が日本に戻り、国内の証券市場や不動産市場へ投資され、その結果、1980年代後半の日本は史上空前の資産バブルに発展した。

多くの日本企業は、外国との貿易なくしては企業経営が成りたたない。そのため、外国為替レートが変動するたびに企業利益が左右されてきた。

1985年、ニューヨークのプラザホテルで開かれたG5（米、日本、西独、英、仏）先進5カ国蔵相（財務大臣）・中央銀行総裁（日本は日銀総裁、米国はFRB議長）会議（**プラザ合意**）のあとの急激な円高（1ドル240円前後から、2年後には1ドル120円台にまで急伸した）は「**円高不況**」を招き、多くの輸出企業が悲鳴をあげた。

生き残りをかけた企業は、生産工程を見直し、無駄なもの、無駄

円高不況当時は「乾いた雑巾を絞っているようなもの」とまでいわれたほどだ。

な動きがないかと数十銭1円単位で工夫を重ね、利益を守り、できるだけ外国為替相場の変動に左右されない、強い企業作りを始めた。

例えば、外国から１００万ドルのお金が入ってくるのなら、円に替えて現金で受け取るのではなく、ドルのまま１００万ドル分の材料や機材を買ってしまうなど、輸出金額と輸入金額をできるだけ相殺して偏らないようにした。

また、市場機能によって貿易不均衡が収まらないことで、欧米諸国に保護主義的（関税や輸入量の制限などを人為的に設けること）な動きも出てきたことから、輸出先の国に工場を建てて、外国為替レートの変動による影響を少なくしようとした。

海外進出も、円高であれば費用は安く済む。また、貿易をドルやユーロといった外国通貨建てではなく円建てで行うことで、為替変動の影響を直接は受けなくて済むようにした。最近は輸出の36%前後、輸入の24%前後が円建てによる貿易となっている。

円高ドル安とドル安円高は違う!?

●キーワード
円高ドル安／ユーロ高円安

円・ドル・ユーロの関係

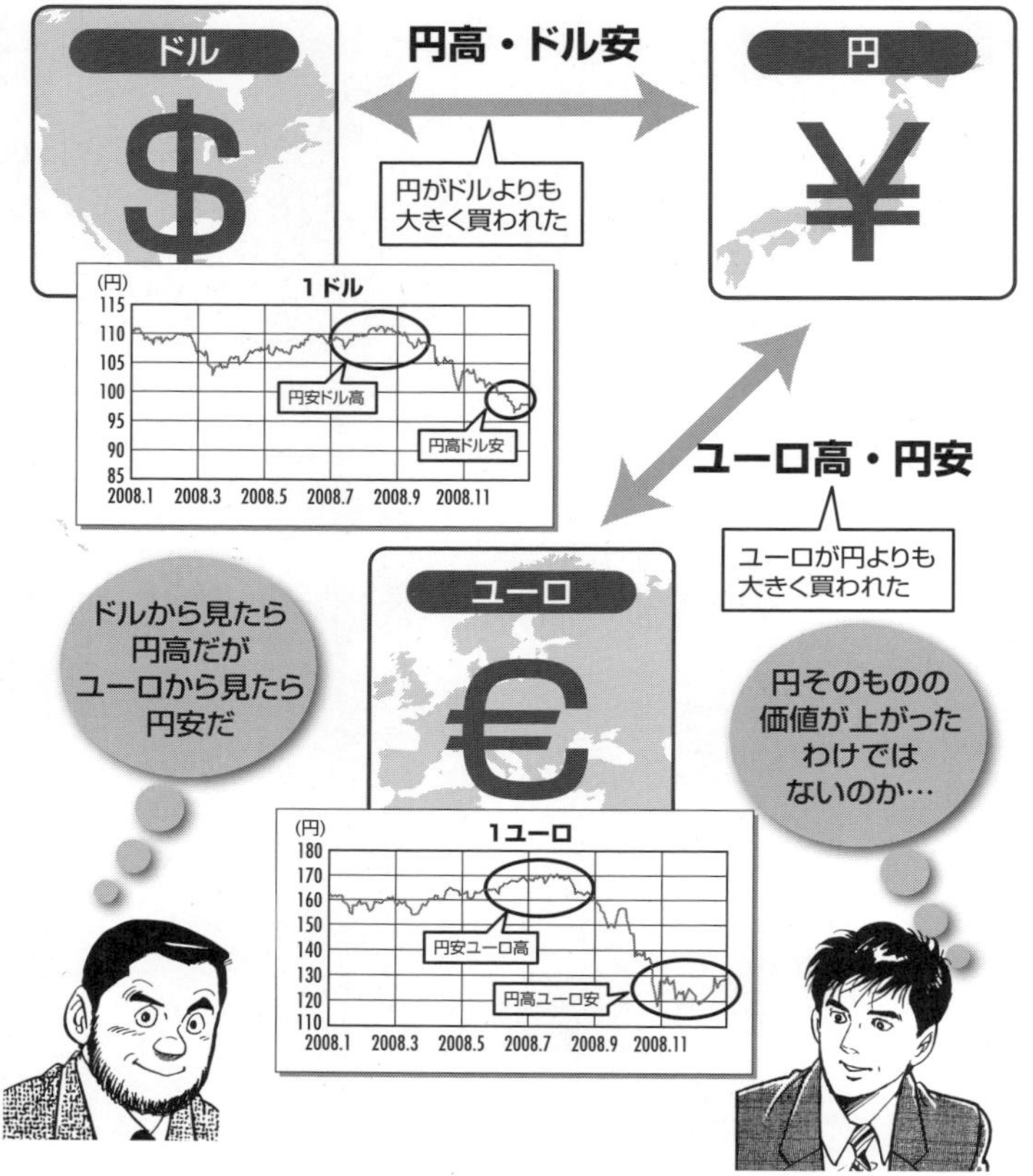

「1ドル＝90円」といわれれば、ああ円高なんだと思うだろう。しかし、これは正しいようで正解ではない。それでは、いったい円高とは何なのだろうか？

ドルを中心に1ドル＝１２０円から１００円になれば、円高ドル安。逆に1ドル＝１５０円になれば、ドル高円安である。

「外国為替相場」は、ひとつの通貨を売って他のものに買い替える事象といえる。必ず「ドルと円」といったようにペアになって語られることが多い。ドルに対して円が買われれば、円高ドル安ということになる。ただ、プロの金融マンが為替相場を見る場合は、同じ

円高ドル安だからといって、必ずしも円が高いというわけではない。ドルが安いだけで、ユーロに対しては円安ということもある。

円高の要因はさまざま

円高だと聞いていたので海外に行くのを楽しみにしていたのに、成田や関西空港に行って両替をしてみたら、ユーロがものすごく高く、どこが円高だ、と思ったことがある人もいるだろう。これは、ドル安相場でドルが安くなっているだけだからだ。つまり、アメリカドルに両替する時には円高だが、ユーロに両替する時には円安と感じてしまうのだ。

為替相場を考える時には、円高ドル安であったとしても、その原因が円高相場で生まれたものなのか、ドル安相場で起こったものなのか、はたまたユーロ高が原因なのかと、事の本質をきちんと見極める必要がある。

円高ドル安でも**円高相場**なのか、**ドル安相場**なのかの違いを見ている。これはどういうことなのか。それは、為替相場を動かした「理由の本質」がどちらにあるかを見ているのだ。

　例えば、アメリカ経済の先行きを案じてドルが売られたためにドル安となり、結果として円高ドル安になったときは、ドル安相場が原因であり円高相場ではない。

　対して日本の株式や債券に投資しようと日本円を買う動きが入り、日本円が買われて、ユーロやドルが売られる場合は、日本が材料にされて円が買われているので円高相場なのである。

　円高！　と思っていても、実は**円高ドル安**なだけであって、ユーロに対しては**ユーロ高円安**になっている場合もある。注意したい。

中央銀行はなぜ市場介入をするのか?

●キーワード
中央銀行

日本の中央銀行は日本銀行である。では、「**中央銀行**」とは何か。

中央銀行の目的は大きく2つ、「**通貨価値の安定**」と「**信用制度の保持育成**」。「信用制度の保持育成」とは、言い換えれば金融システムの安定を図るということだ。銀行間で信用収縮が起きて疑心暗鬼になり、お金の貸し借りができないと、銀行は決済に困ったり貸し渋りなどに走る可能性がある。健全な経済活動のために金融機関の健全性を確保させ、信用制度を保持していくことは重要だ。

そのためにも、「通貨価値の安定」、つまり、物価の安定と為替相場の乱高下を防ぎ通貨価値を安定させることが大切になる。

日銀は、経済環境を考慮し、金利を誘導したり、市中に出回るお金の量を調整したりする。

また、行きすぎた円高の時には、外国為替市場に市場介入をすることがある。ドルが売られすぎて円高が投機的に急激に進むようであれば、日銀自らドルを買って円を売る。それは時に市場に対する強いメッセージとなり、急速な円高が止まることもあるほどだ。

中央銀行は、これら2つの目的のために、次の3つの機能を担っている。それは、お札を発行する「**発券銀行**」であること。そして、必要に応じて銀行にお金を貸

世界の中央銀行

国・地域名	名称
アメリカ	連邦準備制度理事会(FRB)
日本	日本銀行
イギリス	イングランド銀行
欧州連合	欧州中央銀行(ECB)
ノルウェー	ノルウェー中央銀行
スイス	スイス国立銀行
インド	インド準備銀行

国・地域名	名称
台湾	中央銀行
中国	中国人民銀行
シンガポール	シンガポール通貨監督庁
北朝鮮	朝鮮中央銀行
韓国	韓国銀行
オーストラリア	オーストラリア準備銀行
カナダ	カナダ銀行

し出したり銀行間の資金決済を行うための「**銀行の銀行**」であること。最後に、「**政府の銀行**」としての役割だ。政府の財布の金庫番をしているのだ。

今や世界の経済は
さまざまな形で相互に関係している
一国の問題は国境を越えて
世界に波及して行く
各国の中央銀行はお互いに
連絡を取り合い
世界の金融システムの安定のために
協力して取り組むんだ

日本銀行の役割

目的

通貨価値の安定
＝物価の安定

信用制度の保持育成
＝金融システムの安定

機能

発券銀行

日本で唯一の銀行券（紙幣）を発券する銀行。日本銀行の取引先金融機関が銀行券を受け取ることによって世の中に流通される。紙幣の発行量を調節することで、景気対策を行うという役割も担っている。

銀行の銀行

取引先金融機関（一般の銀行など）から当座預金を受け入れる。その金融機関は、この当座預金を引き出して「お金」を受け取ることができる。個人や企業からの預金は受け入れていない。

政府の銀行

国から預金を受け入れ、国税の収納や公共事業費・年金の支払など、国のさまざまな資金の受払に関する業務を行う。

NIPPON
GINKO

Column

時には日本国内のことも外貨建てで考えてみよう

日本では120万円の時計…
ドル建てで考えると
今は1ドル＝115円だから
1万ドルくらいだけど
半年前は1ドル＝100円だから
1万2000ドルだったって
ことね

海外旅行で買物をする時に「あ、これは120ドルだから安い」とか「この商品は80ユーロと聞いていたけれど、100ユーロもするから高い」と判断するだろうか？　多くの人は、120ドルと聞いたあとに、1ドル＝100円だとして、この商品は1万2000円。さて、これは日本国内で買ったらいくらくらいだろう……というように値段の吟味をするのではないだろうか？

例えば、1ドル＝80円の時に100万ドル出して買った不動産があるとしよう。つまり、8000万円で買った物件ということになる。そして、その物件が仮に80万ドルまで価格が下がったとしても、1ドル＝130円まで円安になっていれば、1億400万円で売ることができることになる。そのように考えると、決して損をしていないように感じるだろう。

外国人投資家も同様だ。日経平均株価が7500円なら買い時だと考えていたとしても、1ドル＝100円の時は米ド

ドル建て・ユーロ建て日経平均日足推移

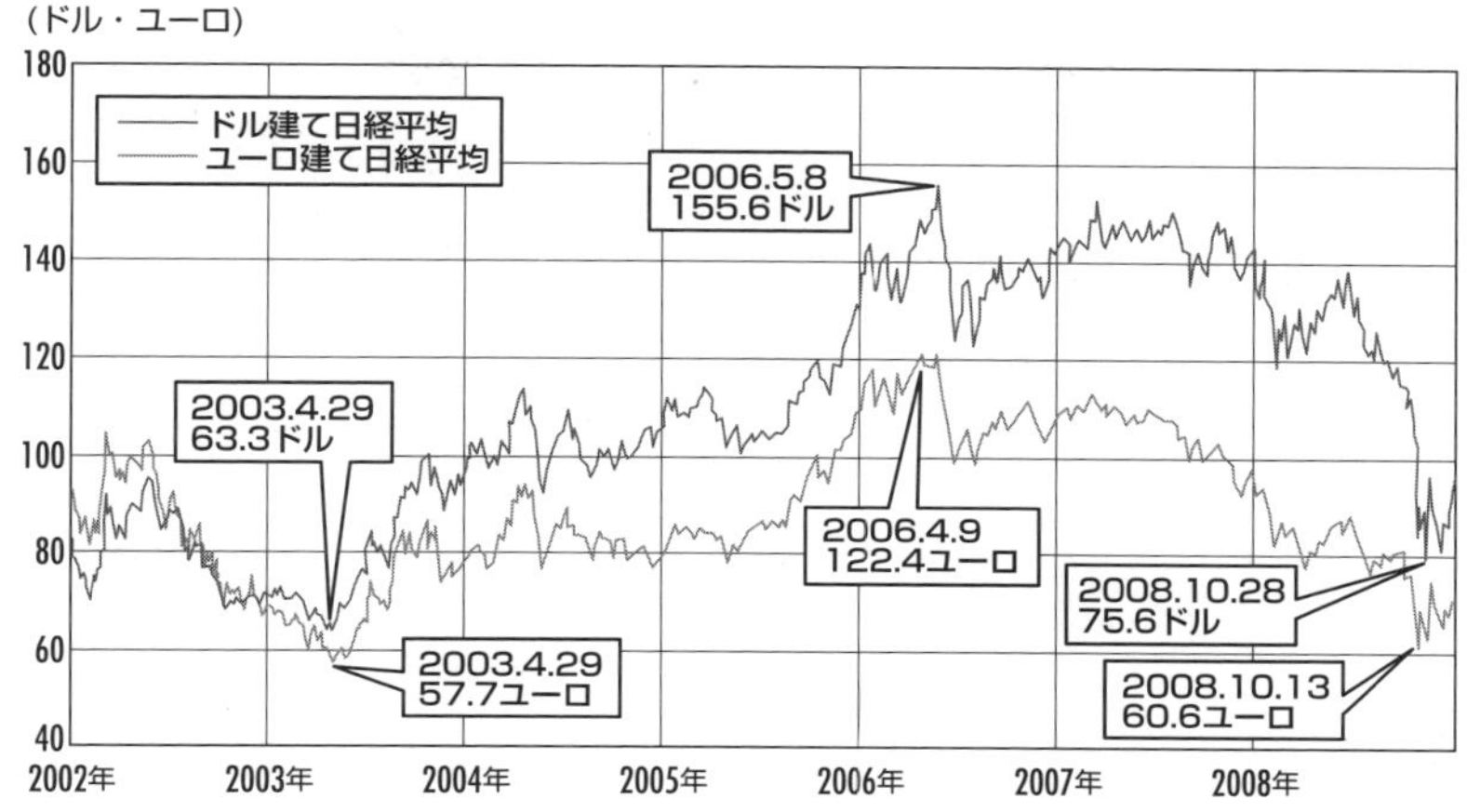
(ドル・ユーロ)
180
160
140
120
100
80
60
40
ドル建て日経平均
ユーロ建て日経平均
2006.5.8
155.6ドル
2003.4.29
63.3ドル
2006.4.9
122.4ユーロ
2008.10.28
75.6ドル
2003.4.29
57.7ユーロ
2008.10.13
60.6ユーロ
2002年
2003年
2004年
2005年
2006年
2007年
2008年

出所：みずほインベスターズ証券

ルで投資する人にとってみれば、日経平均は75ドルだ。1ドル＝80円の時なら、93ドル75セントになる。

　このように、株価や債券市場などの価格を、時には外貨建てで考えてみる習慣をつけると、外国人投資家の動向の意味合いを理解できることがある。また、為替の動向によって外国人投資家の動向を先読みすることもできるのだ。

　ただし、注意しておきたいのは、外国人投資家は、時に日本国内の金融機関から低金利の日本円を借りて、さまざまな売買をすることもあるということだ。また、株価や不動産が高値をつけ売却したとしても、しばらく日本円で運用し、円高局面になった時に外貨に替えるといった運用をすることもある。

　同じように外貨投資でも、商品の売買のタイミングと外国為替売買の時期をずらすことができれば、有利で効率的な運用ができるわけだ。

第2章

外国為替取引で知っておきたいこと

外国為替市場はどこで動いている?
固定相場制と変動相場制は何が違う?
為替取引に伴うリスクとは?
第２章では、外貨取引の基本を学んでいこう。

チャートが
出てくると
難しそうに感じる
かもしれないが
ここでは
「為替はこんな風に
上下するのか」
ということだけを
感じてくれればいい

為替は需要で決まる!

ドルを売って、円を買いたい人が増えると、円の価値は高くなる。

1ドルを交換するのに150円必要だったのが
円の価値が高くなれば、1ドルを100円で
交換できるようにもなる。もちろん、逆もある。

1ドル=150円
↓
1ドル=100円

こうして、為替は需給で日々刻々と、その力関係は変化する。

為替は、何で調べる?

証券会社や金融専門サイトなどが有効だ。現時点※での為替はもちろん、
チャート(推移)も確認できる。

※サイトによっては、20分ほどのタイムラグがあることも。

アメリカ ドル【外国為替:USDJPY=X】

取引値	買気配	売気配
6:20 93.000000	93.000000	93.070000

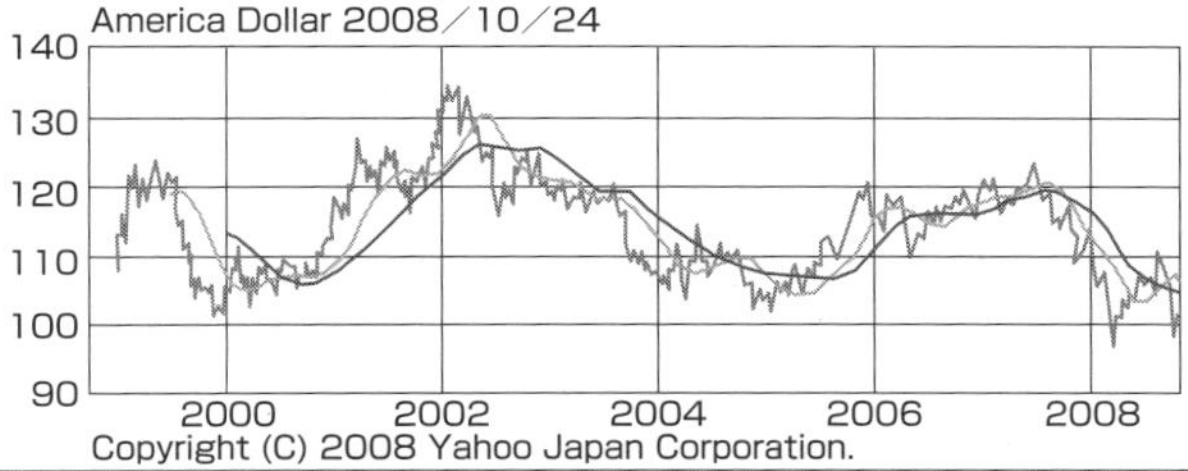
America Dollar 2008/10/24
140
130
120
110
100
90
2000
2002
2004
2006
2008
Copyright (C) 2008 Yahoo Japan Corporation.

期間: 3か月 | 6か月 | 1年 | 2年 | 5年 | 10年

タイプ: 線　ローソク　スケール: 標準 | 対数　サイズ: 標準 | 大

移動平均: 25日 | 75日 | 13週 | 26週 | 52週

平滑移動平均: 25日 | 75日 | 13週 | 26週 | 52週

比較チャート: 銘柄コード「USD JPY=X」と下の入力銘柄コードのチャートを比較します
□ 日経平均　□ TOPIX　□ JASDAQ　□ USドル

多機能チャート(Java): 小(660×560) | 中(790×700) | 大(950×840)

2008年10月24日時点のヤフーファイナンスより(http://quote.yahoo.co.jp/)

そもそも為替って何？

そもそも「為替」とは、離れた場所にいる者同士が、資金の受け渡しをしたり、お金の貸し借りを決済したりすることである。しかし、今や為替といえば、主に通貨と通貨を交換＝両替する外国為替のことをさす。異なる国同士の、そして交換する際に発生する両者の「バランス」＝「力関係」そのものが、為替ということになる。どんなものでも、交換する時には一定のバランスが計られるが、為替の場合、国と国との力のバランス、ということになる。

例えば、米ドルと日本円を考えてみよう。２００７年8月には1ドル＝１２２円だったものが、２００８年12月には1ドル＝92円になった。1ドルを手に入れるために１２２円が必要だったものが、１年４カ月後にはわずか92円で交換できることになったのだ。その間に米ドルの価値が大きく下がり、日本円の価値が上がったことがわかるだろう。

また、ユーロと円の関係も同様である。２００７年8月には、１ユーロ＝１６５円だったものが、２００８年12月には１ユーロ＝１１７円と円高になっている。この背景には、米国サブプライムローン問題から端を発した世界的金融不安など、さまざまなことが考えられるが、どんな情勢の中でも、価値が上がっていく通貨、下がっていく通貨が存在する。シビアな世界なのだ。

為替取引をやってみようかと思うんだ！
いいかなあ？

為替って何?

為替って、
いつどこでどんな風に
動いているの?
➡P40、42

レートについて
知りたい!
➡P44、46、48

データを
分析してみよう
➡P52、54

頭に入れておきたい
為替リスク
➡P56、58、60

失敗しない
金融機関の
選び方
➡P62

各国の特徴が
早わかり!
➡P64

いい?
為替っていうのはね、
ある程度知識を持って
やらないと面白くないし
危険なのよ
特にリスクは
頭に入れておいて
ほしいわね
何もわからず
飛びこんで、
泣きを見ても知らないわよ

外貨取引はビジネスチャンスがいっぱい

●キーワード
外貨預金／外貨投資

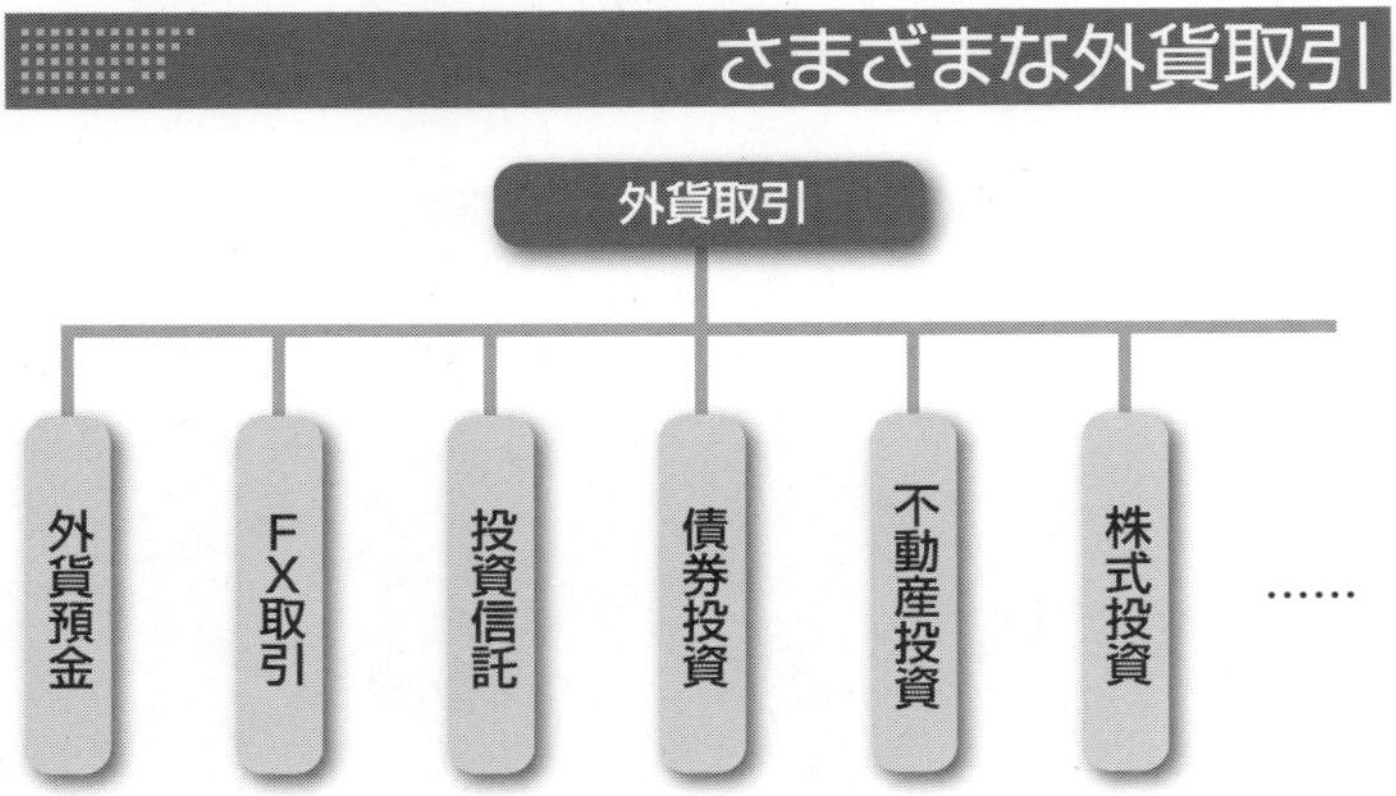
さまざまな外貨取引
外貨取引
外貨預金
FX取引
投資信託
債券投資
不動産投資
株式投資
……

外貨預金が人気を集めている。日本円で行う定期預金に比べて高金利のものもあるし、円高で始めて円安で終われば為替差益も手に入るからだ。2008年秋にリーマン・ブラザーズの破綻があり、世界中が金融不安となる前までは、円／ドルが1ドル＝105円まで円高が進むと値《ね》頃《ごろ》感《かん》から、なぜか外貨預金をする人が増えたものだった。

しかし、2008年金融危機以降、外貨預金＝高金利の時代は終焉《しゅうえん》を迎えつつある。今やドルもユーロもイギリスポンドも史上最低金利圏にある（2009年6月現在）。高金利の通貨もあるにはあるが、そこには、国の政策として世界中から投資資金を集めるための意図的な高金利だったり、高い

日本の会社の株式を購入したとしても外国への輸出取引が売り上げの多くを占めている会社であれば円高で利益は減り円安で利益が上がる
私たちの老後を支える公的年金もその多くを外国の債券や株式に投資している私たちは知らないうちに外国為替に投資しているのだ

インフレ率のためといった理由が隠されているものだ。

　世界中が低金利の時代に考えたいこと、それは外貨預金だけが外貨への投資ではない、ということだ。例えば、ニューヨーク市場の株式を買うこと、外貨建ての債券を買うことも外貨投資である。さらに、あなたの契約している年金型の生命保険や投資信託の一部は外貨で運用されている。これだって外貨投資といえるだろう。

　また、直接的な外貨投資ではないかもしれないが、例えば、東京証券取引所で上場している外国の会社や貿易の多い会社への株式投資も、為替変動に影響を受けるので外貨投資の1つといってもいいかもしれない。

外貨預金、投資信託、FX取引の比較

外貨預金、投資信託、FX取引の特徴をおさえておこう。

	外貨預金	投資信託	FX取引
特徴	定期預金・普通預金	主に外国の公社債に投資する外国投資信託の一種	保証金を担保として、何倍もの金額で外国為替の売買を行う取引
取扱機関	銀行 信用金庫	銀行 証券会社	証券会社 FX専門会社
為替手数料（例）	1ドルにつき 往復2円	1ドルにつき 往復1円	1ドルにつき往復0.1～0.2円 （外貨預金の1/10）
取扱時間	銀行の営業時間	証券会社・銀行の営業時間	土日以外24時間
メリット	●日本で預金するよりは金利が高いことも	●日本で預金するよりは金利が高いことも ●外貨預金より手数料が安い	●世界中で取引され流動性が非常に高い。外貨預金・投資信託に比べて手数料が安い ●いつでも円に戻すことができる（為替差益を受けやすくなる） ●金利が高い（スワップ金利）
デメリット	●手数料が高い ●解約がすぐにできない	●為替レートが1日1度しか変わらない ●FXより金利が低い ●FXより手数料が高い	●レバレッジをきかせると大きな額の取引が可能だが、利益も大きい代わりに損失も大きくなる（レバレッジ1なら外貨預金と全く同じ）

銀行間での外貨取引の実際

○キーワード
外為ブローカー／電子ブローキング

東京外国為替市場の全体像

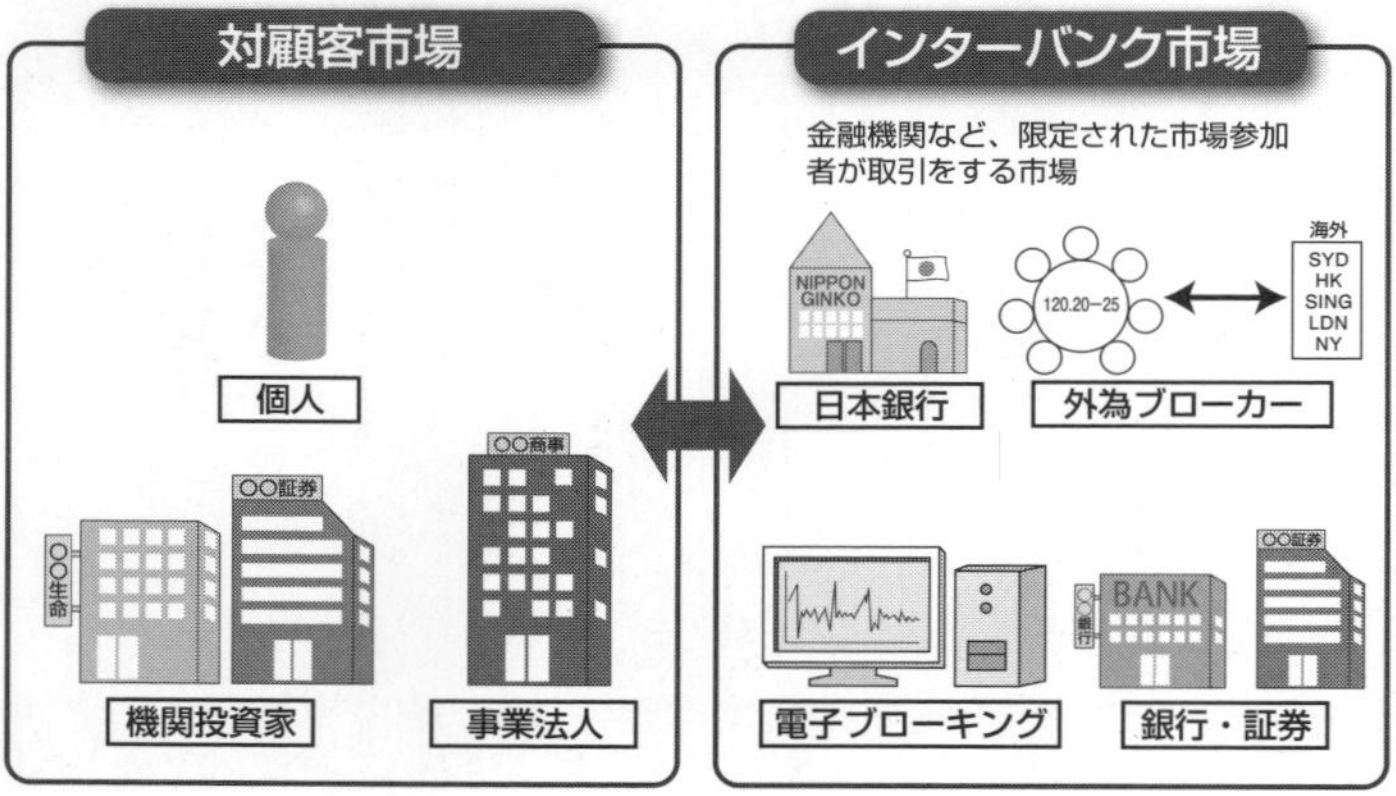
対顧客市場
個人
○○生命
○○証券
○○商事
機関投資家
事業法人
インターバンク市場
金融機関など、限定された市場参加者が取引をする市場
NIPPON GINKO
日本銀行
120.20–25
海外
SYD
HK
SING
LDN
NY
外為ブローカー
電子ブローキング
BANK
○○証券
銀行・証券

海外出張や海外旅行に行く時には、銀行などの金融機関で円から外貨に両替してもらう。そう考えると、銀行は、外国為替市場の末端といえるだろう。この章では、さまざまな外貨取引の実際を見ていこう。

一時期は銀行同士が直接取引するよりも、間に「**外為ブローカー**」と呼ばれる機関が介在することが多かった。これは銀行間取引の仲介業者で、銀行などから持ち込まれた「買い」と「売り」の注文を取り次ぎ、取引を成立させ、手数料を得ている。住みたい人と貸したい大家との間の不動産屋みたいなもので、自分たちのポジションを持つことはない。

例えば、A銀行は１００万ドルを1ドル＝99円50銭で買いたいとする。これは、１００万ドルを1ドル＝99円50銭で売ってもいい銀行を、多くの銀行の中から探してこないと取引は成立しない。刻々と交換レートや市況が変化する中で膨大な取引の行われる市場から、無数の売買希望の注文を取り集め、仲介し、取引をマッチングさせるのが外為ブローカーの仕事なのだ。よくテレビニュースなどで出てくる為替取引の映像は、外為ブローカーのものであることが多い。

DD（ダイレクトディーリング）

オンライン機能の発達によって、ブローカーを介さず、銀行同士が直接取引できるようになった。これを「DD（ダイレクトディーリング）」という。

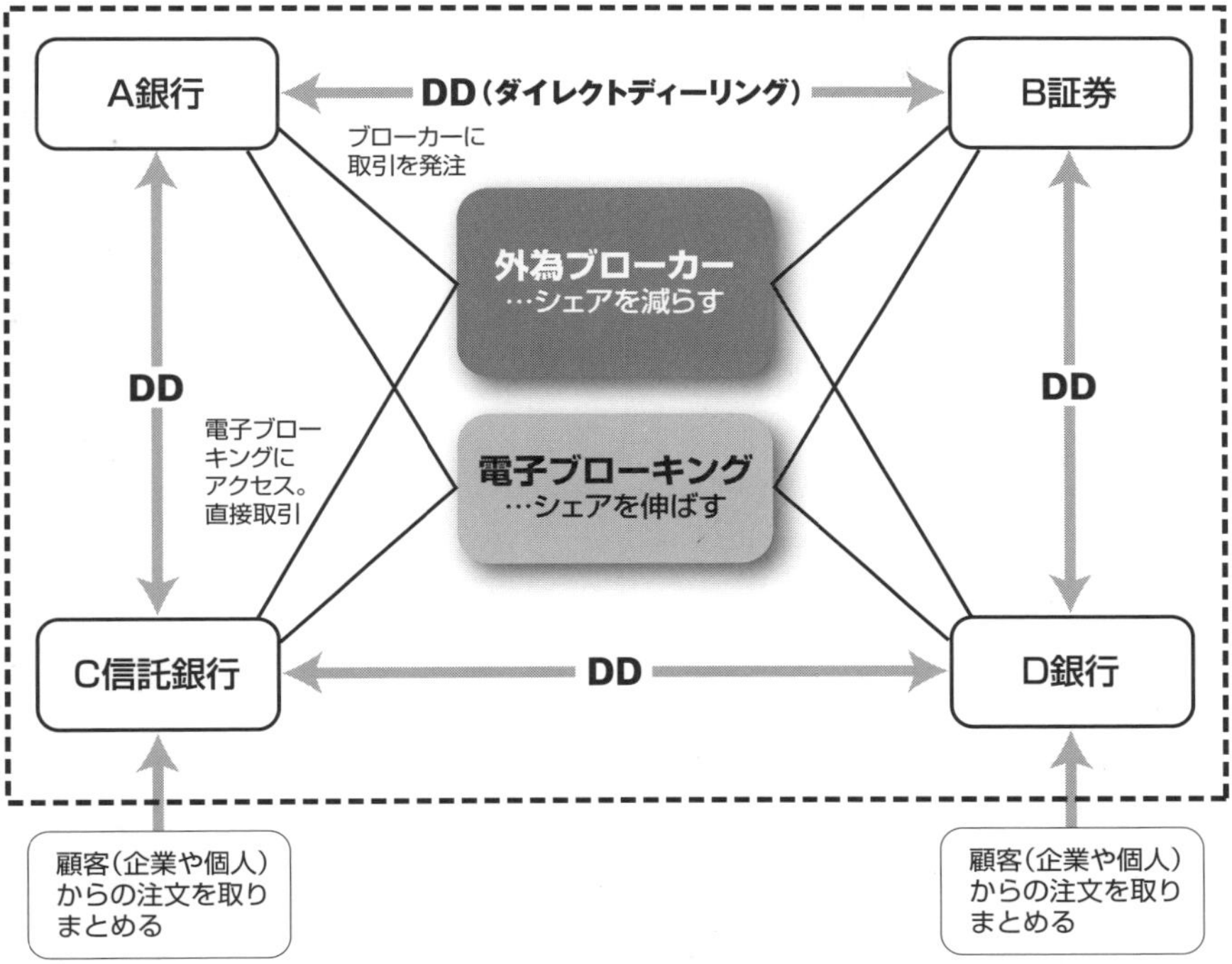
A銀行
DD（ダイレクトディーリング）
B証券
ブローカーに取引を発注
外為ブローカー
…シェアを減らす
DD
電子ブローキングにアクセス。直接取引
電子ブローキング
…シェアを伸ばす
DD
C信託銀行
DD
D銀行
顧客（企業や個人）からの注文を取りまとめる
顧客（企業や個人）からの注文を取りまとめる

知っておきたいポイント 「DD」と「電子ブローキング」

最近では、オンライン機能が充実してきたため、ブローカーを経由せずに、銀行同士で直接取引ができるようになってきた。これを DD（ダイレクトディーリング=直接取引）という。かつては、外為ブローカーを介するのが一般的であったが、現在は、取引の半分以上がこの DD だ。

さらに、最近、シェアを飛躍的に伸ばしているのが、「電子ブローキング」と呼ばれる取引方法だ。為替ブローカーと同じように銀行などからの取引を仲介するのだが、異なる点は、ブローカーという「人」が介在しないこと。注文はスクリーン上に表示され、銀行のディーラーは端末を使って、直接、取引することができる。こちらは手数料が安いこと、海外との取引でもタイムラグがないことが利点だ。

実際は24時間ではない!?為替市場の実態

●キーワード
為替市場／ディーリングルーム／ディーラー

為替市場はどこにある?

ウェリントンに始まり、日本などのアジア、中東、欧州、最後にアメリカといったように、為替市場は24時間途切れることなく、リレーのようにつながっている。

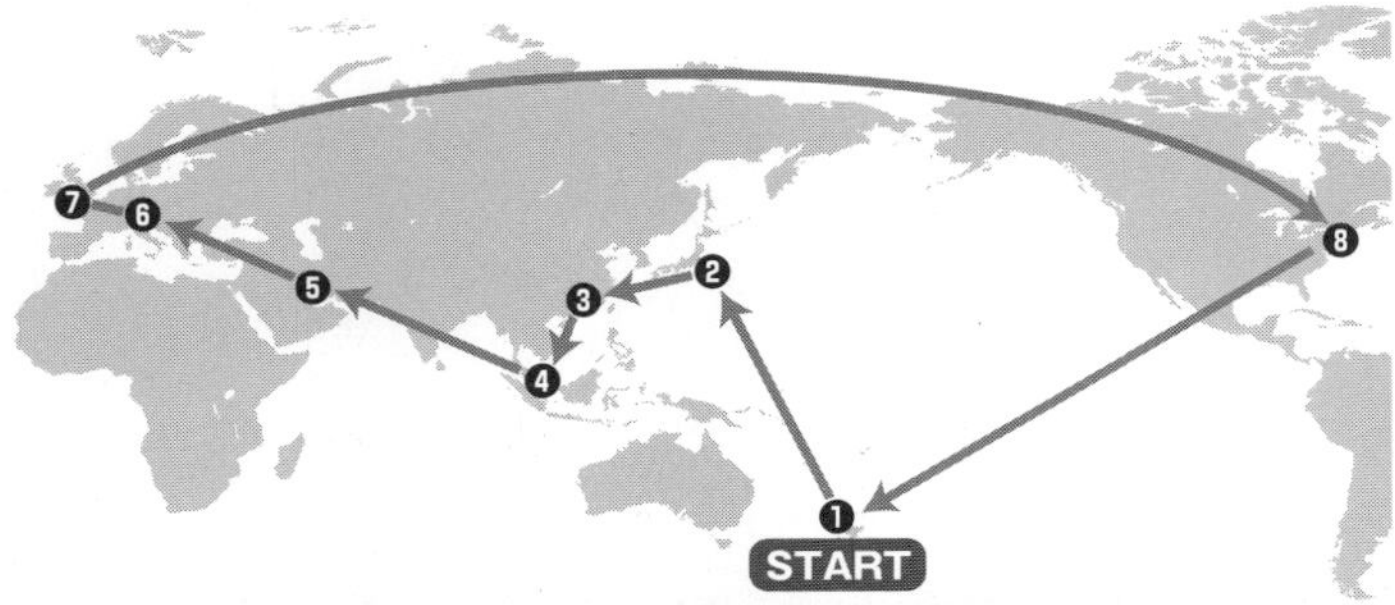

START
❶
❷
❸
❹
❺
❻
❼
❽

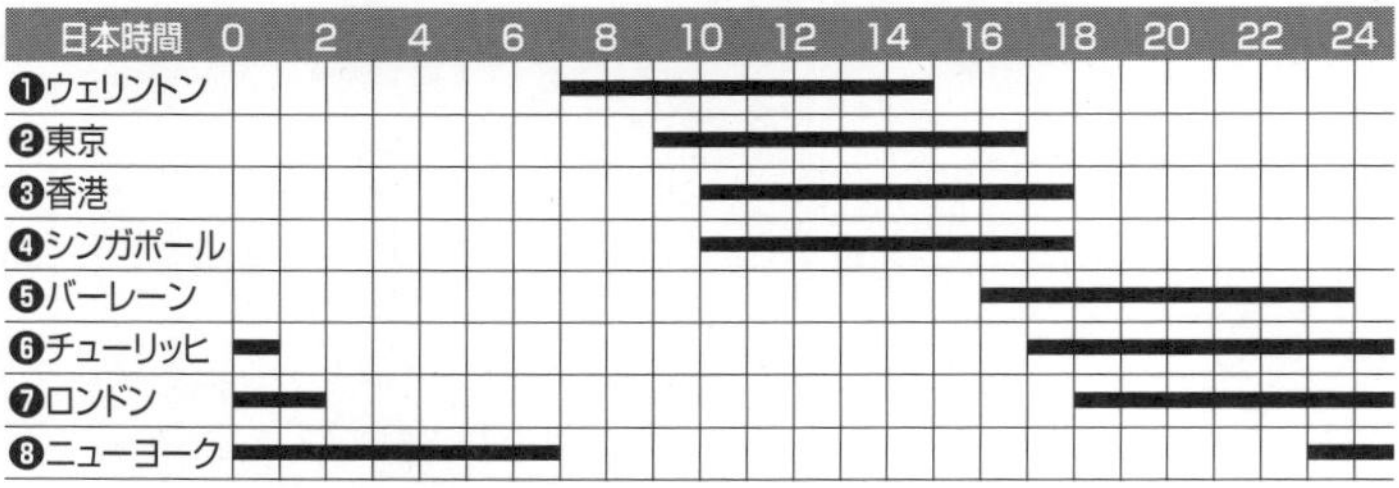

日本時間 0 2 4 6 8 10 12 14 16 18 20 22 24
❶ウェリントン
❷東京
❸香港
❹シンガポール
❺バーレーン
❻チューリッヒ
❼ロンドン
❽ニューヨーク

外国為替市場の季節要因

月		主な行事 日本	主な行事 海外
1月	活発	正月	欧米企業の期初、新規取引
2月	活発		
3月	閑散	本決算、会計年度末	
4月	活発	日本企業の期初、新規取引	イースター休暇（上旬）
5月	活発	ゴールデンウィーク	
6月	普通	ボーナスシーズン	
7月	普通		
8月	閑散	お盆休み	夏休み
9月	普通	中間決算	
10月	活発		
11月	活発		感謝祭（上旬）
12月	閑散	ボーナスシーズン、年末休暇	会計年度末、クリスマス休暇

外国為替の売買は、世界中の大銀行の**ディーリングルーム**を中心に24時間行われる。大口顧客からの注文、**ディーラー**（取引を実際に行う銀行員など）が行うさまざまな取引などが、銀行間をつなぐ通信回線やブローカーを通して行われる。こうして日本の銀行の東京本店とアメリカの銀行の香港支店とが取引したりする。

24時間取引といっても、世界各国によって活発に取引される時間帯は異なる。東京市場なら各銀行にディーラーたちが出ている勤務時間帯が一番活発に取引される。42ページの上の表は、各国市場で通常活発に取引される時間帯を表わしたものだ。もちろん市場が大きく動けば、フランクフルトやロンドン市場の取引時間にも、東京のディーラーたちは銀行に留まって取引を続ける。

なお、24時間取引が行われるといっても、土日は事実上取引がされない。これは市場が閉まるというより、週末に取引をする銀行のディーラーなどがいないので、取引が成立しないというのが適切な表現だ。

ニューヨーク時間の金曜日の午後などは、すでに東京やヨーロッパのディーラーのほとんどがいないので、閑散としているものだ。また、東京が平日で取引が行われていても、香港が休日だったりすると取引は少なくなる。8月は欧米のディーラーたちの多くが休暇を取るので、取引が減り閑散とすることも多い。もちろん、為替を大きく動かす一大事が起これば、ディーラーは休暇を切り上げて市場に戻ってくることもある。

24時間眠れない!?

右ページの図のように各都市の銀行のディーリングルームをつなぐ回線は24時間眠らない
特に取引が多いロンドン・ニューヨーク・東京は「世界三大都市」と呼ばれている

為替レートはどのように決まってきたのか

●キーワード
為替レート／インターバンクレート／TTS／TTB

為替レートは5種類ある

相場や金融機関によって手数料が異なることがあるので注意しよう。

④現金売相場	両替所などで円を外貨に両替する時などのレート	1ドル=**113**円に
手数料が2円上乗せされる		
②対顧客電信売相場（TTS）	外貨預金を円で預け入れるときなどのレート	1ドル=**111**円に
手数料が1円上乗せされる		
①インターバンクレート	テレビや新聞のニュースで報じられるレート	1ドル=**110**円だったら
手数料が1円生じる		
③対顧客電信買相場（TTB）	外貨預金を円で引き出す時などのレート	1ドル=**109**円に
手数料が2円生じる		
⑤現金買相場	両替所などで外貨を円に両替する時などのレート	1ドル=**107**円に

為替レートは、通貨と通貨を交換する際の基準となるもの。具体的には、海外の通貨と交換する際の取引価格のことをさす。

外国為替のレートにはいろいろとあり、多くの外国為替の本にも上のような図説を載せ5つのレートを紹介している。

まずは基準となる①の**インターバンクレート**。文字通り、銀行間取引のレートである。この為替レートは今や24時間取引され、刻々と変わっていく。小口取引までそれを適用するわけにはいかないので、東京市場の午前10時（実際は9時55分）に銀行間で取引されるレートを**仲値**として一日使うこと

ニュースで流れる
インターバンク
レートを基準に
用途別に分かれた
レートが決まるんです

にしている。

しかし、これも大きな変動（仲値から2円以上の変動が基準）があれば取り消されてしまう。今は三菱東京UFJ銀行が仲値決めをリードしているが、この基準となる仲値から各種レートが決まっていく。

ドルと円の取引の場合、②の**TTS**（顧客に外貨を売るレート）はドルの場合には1円上乗せし、③の**TTB**（顧客から外貨を買うレート）は1円安く設定している。外貨預金をする時などに用いられるのも原則はこのレートである。これを決めたのは、1949年。まさに1ドル＝360円とした時から延々と使われている。

さらに、④、⑤などの両替所等では外貨の現金売り、買いの場合で手数料が加えられる。ドル以外のレートの場合には、この手数料率がもっと悪い場合も少なくない。例えば、イギリスポンドの場合には、TTBとTTSでは8円、ユーロの場合にも3円の違いがある（2009年1月調べ）。

知っておきたいポイント

手数料の最新事情

TTBとTTSの間にそれなりの開きがあれば、銀行側にとってはいい収益源でもあるわけだが、最近は事情が違ってきている。

例えば、外貨預金をする時に、TTSの1円分の上乗せ分を差し引いてみたり、ある程度まとまった金額の顧客には、刻々と変わる銀行間で取引されているレートを用いることなどもあるのだ。

ドルが基軸通貨の時代は終わるのか？

●キーワード
基軸通貨／ドルペッグ制度

基軸通貨とは国際間の取引に広く使われる通貨のこと。輸出などの多くの決済に使われ、それ以外の通貨の価値基準にもなるし、各国の中央銀行が外貨準備として大量に保有もする。基軸通貨となるには、経済が発展し、通貨に対する規制が少なく、政治も経済も安定していることが重要だ。

19世紀は産業革命後の世界産業の中心であるイギリスのポンドが※基軸通貨だったが、第一次大戦の特需で米国経済が勃興《ぼっこう》するにしたがって、アメリカドルにその座がとって代わられた。そして、第二次大戦後の、経済の枠組みを決めた１９４４年のブレトン・ウッズ協定では、国際通貨基金（ＩＭＦ）、国際復興開発銀行（ＩＢＲＤ）の設立と共に金《きん》と交換のできる兌《だ》換《かん》紙幣として位置づけられた。

１９７１年以降に主要国間で変動相場制が取られたあとも、多くの国で**ドルペッグ制度**（P48参照）で事実上の固定相場制を採用しドル中心経済がとられた。各国の外貨準備もドルを中心にされ、発展途上国に旅行する時は現地通貨よりもドルのほうが便利というほどだった。しかし、度重なる通貨危機で、事実上ドルペッグ制をとる国は減少。そして、１９９９年にはユーロが誕生。今後の動向が注目されている。

フランスのサルコジ大統領は「ドルが基軸通貨の時代は終わった」と演説しすでに流通している貨幣の数量はドルよりもユーロのほうが多くなった
アメリカドルだけが基軸通貨の時代は終わる可能性も少なくない

主な通貨のクロスレート

主要6カ国のクロスレート。縦列に基軸通貨、横列に対象通貨が表示されており、交換レートが一目で確認できる。

注：これは、1ドル=94.38円、1ユーロ=1.2439ドルから94.38円×1.2439ドル=117.399282と計算されたもの。(08年10月28日)
ただし、これはあくまで計算上のもの。実際には、相場環境によって異なるレートが使われることもある。

通貨	¥	US$	EUR	英£	豪$	HK$
日本円	100	1.0596	0.8518	0.6738	1.7062	8.0128
米ドル	94.38	1	0.8039	0.6359	1.6103	7.5625
ユーロ	117.4	1.2439	1	0.7911	2.0031	9.4071
英ポンド	148.41	1.5725	1.2641	1	2.5322	11.892
豪ドル	58.61	0.621	0.4992	0.3949	1	4.6963
香港ドル	12.48	0.1322	0.1063	0.0841	0.2129	1

表の見方 例えば、円とユーロを交換したい時は、ユーロと円が交差した「1ユーロ=117.4円」を使う。

※外国為替市場では一般的に1ドル＝100円とか1ドル＝1.35ユーロというように20世紀唯一の基軸通貨であったドルを中心に表記されているが、イギリスポンドが基軸通貨の時代だった名残りから、ポンドに関しては1ポンド＝1.5ドルといったように、今でもポンド中心の表記だ。

かつてはドルを持っていれば
安心といわれていた
「有事のドル買い」といって
戦争や世界的金融危機など
何かあったときは
買われたものだ
しかし最近はどうも違う
それだけ
ドルの信頼性が
低くなってきたって
ことだろうか

まだまだ残る固定相場制度、需給で動く変動相場制度

●キーワード
固定相場制度／変動相場制度

変動相場制度と固定相場制度

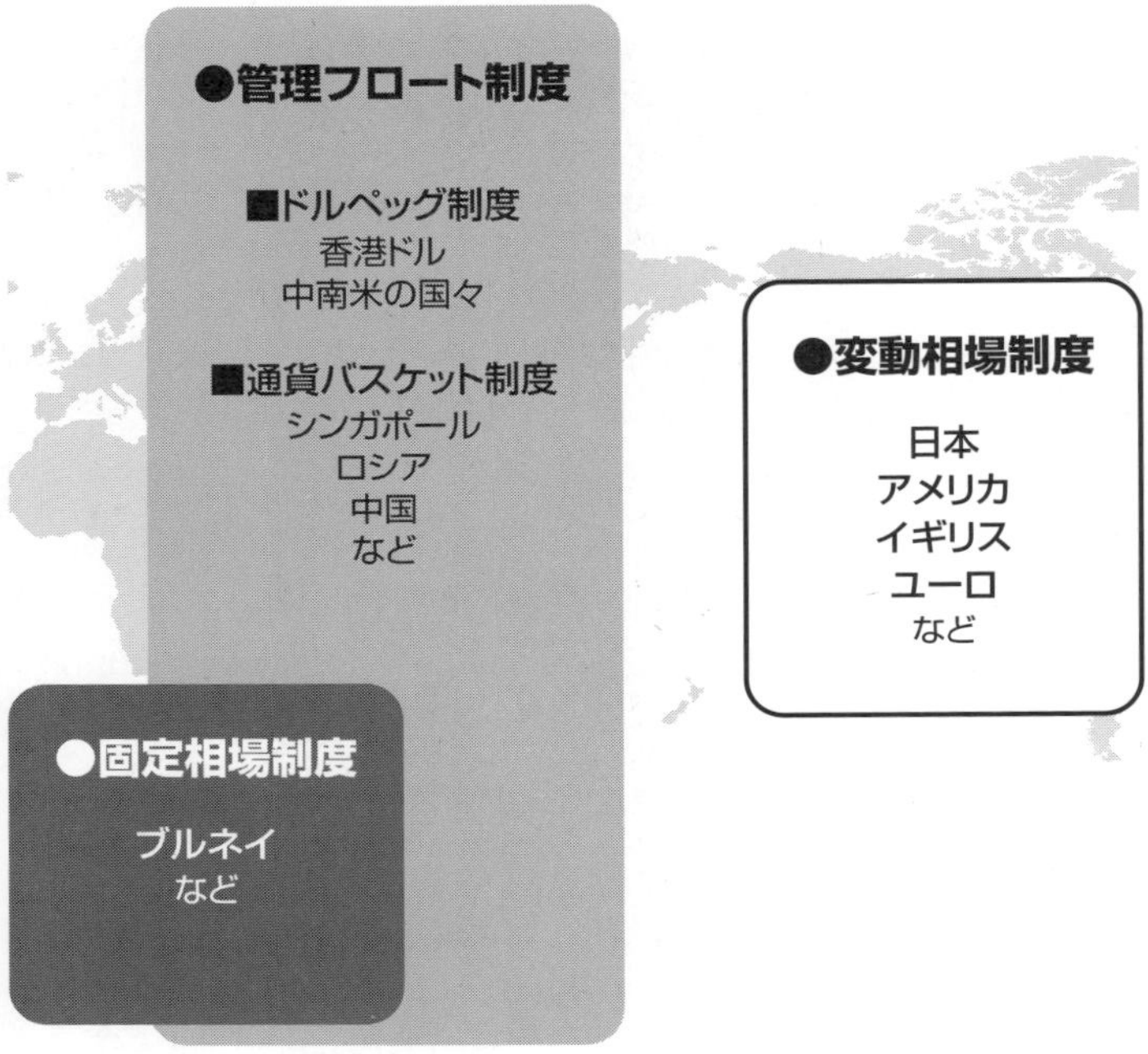
●管理フロート制度
■ドルペッグ制度
香港ドル
中南米の国々
■通貨バスケット制度
シンガポール
ロシア
中国
など
●変動相場制度
日本
アメリカ
イギリス
ユーロ
など
●固定相場制度
ブルネイ
など

（2009年6月現在）

知っておきたいポイント

ドルペッグ制度とは？

管理フロート制度をとっている国の中には、その一定の範囲を「ドルに連動させる」としている国があるが、これは「ドルペッグ制度」と呼ばれるものだ。

香港ドルのほか、中南米の国々が米ドルに連動している。経済基盤の不安定な国の通貨を、貿易や経済の基盤の強い米ドルと連動させることで貿易や投資などを円滑にしようとしているわけだ。

このほか、複数の通貨の平均値に連動させる「通貨バスケット制度」というものもある。シンガポール、ロシアのほか、最近では2005年に中国が取り入れている。

為替相場には「**固定相場制度**」と「**変動相場制度**」がある。固定相場制度は、為替レートを固定、あるいはごく小幅の範囲内に限定する制度のこと。１９７１年まで日本はこの制度をとっており、1ドル＝３６０円に固定されていた。

一方、変動相場制度とは、需給の関係でレートが動くもの。ニクソン・ショックでドルと金《きん》の交換停止が表明されてから生まれた制度で、現在の日本がコレだ。「**フロート制度**」ともいわれ、日本のほか、アメリカ、イギリス、ユーロなどの先進国が変動相場制度をとっている。変動相場制度の歴史は、金本位制、固定相場制度の時代を経て、まだ40年ほどに過ぎない。

固定相場制度は、その固定具合によって、さらに分けられる。かつての日本のように、1ドル＝３６０円とガッチリと固定されるもののほかに、「**管理フロート制度**」という、一定の範囲内に固定されているものがある。シンガポール、マレーシアなど、新興経済諸国の多くがこの制度だ。世界的に見ると、この管理フロート制度が、実は多数派なのだ。

固定相場制度を採用する各国の中央銀行は、制度を維持するために市場に対してさまざまな施策が必要となる。

ドルペッグ制度は ドルだけに 連動するため 大きく偏るリスクも ある
その点 バスケット制度は 複数の通貨レートの 平均値に連動するから 偏りが少ないのが 利点だ
平均値に採用される通貨は ドル・ユーロ・円など 主要国の通貨がメイン
ただ シンガポールの ように平均値をとる 通貨を公表していない 国もある

実体経済を上回るマネーゲームの実態

●キーワード
貿易取引／資本取引／投機取引

為替取引は、**貿易取引**、**資本取引**、そして**投機取引**に分けることができる。

貿易取引とは、輸入や輸出のために通貨を交換する取引のことをいう。例えば、アメリカの牛肉を輸入する場合は、日本円を売ってドルを買い、そのドルで牛肉を買う（輸入）。逆に自動車をアメリカに輸出する場合は、アメリカがドルを売って、日本円を買い、それで自動車を買う（輸出）。だから、日本の輸入が多ければドル高になるし、輸出が多ければ円高になる。

資本取引とは、海外との資本のやりとりで動くお金だ。例えば、外国に工場を建設する時や、海外の企業を買収する時などがこれにあたる。投資する側が日本であれば円を売って外貨を買うわけだから円安に影響することになる。最近では出資取引が増えて、動く金額は高額のため、為替に与える影響はその分大きくなっている。

そして、今の為替市場を大きく動かしているのは投機取引だ。貿易取引や資本取引といった実体経済に基づいた取引よりも、「ドルが高くなるからドルを買う」といった利益だけを求めて売買されるマネーゲーム的な為替取引が圧倒的に増えた。各国経済に影響を与えるだけに、何らかの規制を求める声もある。

知っておきたいポイント

実体経済と金融資産

1990年ごろは、実体経済の規模と金融資産の規模がほぼ同じだったのだが、2006年ごろには金融資産のほうが４倍にまで膨れあがってしまった。

このお金は物を買うために使われるわけでも、工場や会社を運営するために使われるわけでもない。為替、株、債券、原油先物、金や銀、鉄やレアメタルといった鉱物や穀物の先物市場などで、価格の上下によって利益を上げるためだけに動いていく巨大マネーなのだ。

どうして日本の方は投機なのか投資なのかにそれほどこだわるんですか? 会社は株主のものでしょう
私は自分のドル資産を日本円にして成長が見込める日本企業の株式を買う それが利益が上がりそうなら持ち続ける ここまでと思ったら売る それが半年なのか5年 いや10年以上か分かりません
投資なのか投機なのかはあとで分かるもんじゃないですか!
いまやドル円相場は貿易取引や資本取引といった実需の売買よりも投機的な売り買いで動くようになった まさにマネー資本主義だ
あなたはそれによってマジメな多くの社員がどれほど影響を受けるか分かりますか?
利益を出すためならそこで働いている人の生活はどうでもいい そういう考えに私はなれない
……

GDPがわからなければ為替の先読みはできない

GDPと為替レート

一般的な関係　GDPの伸び率はレートに比例する。

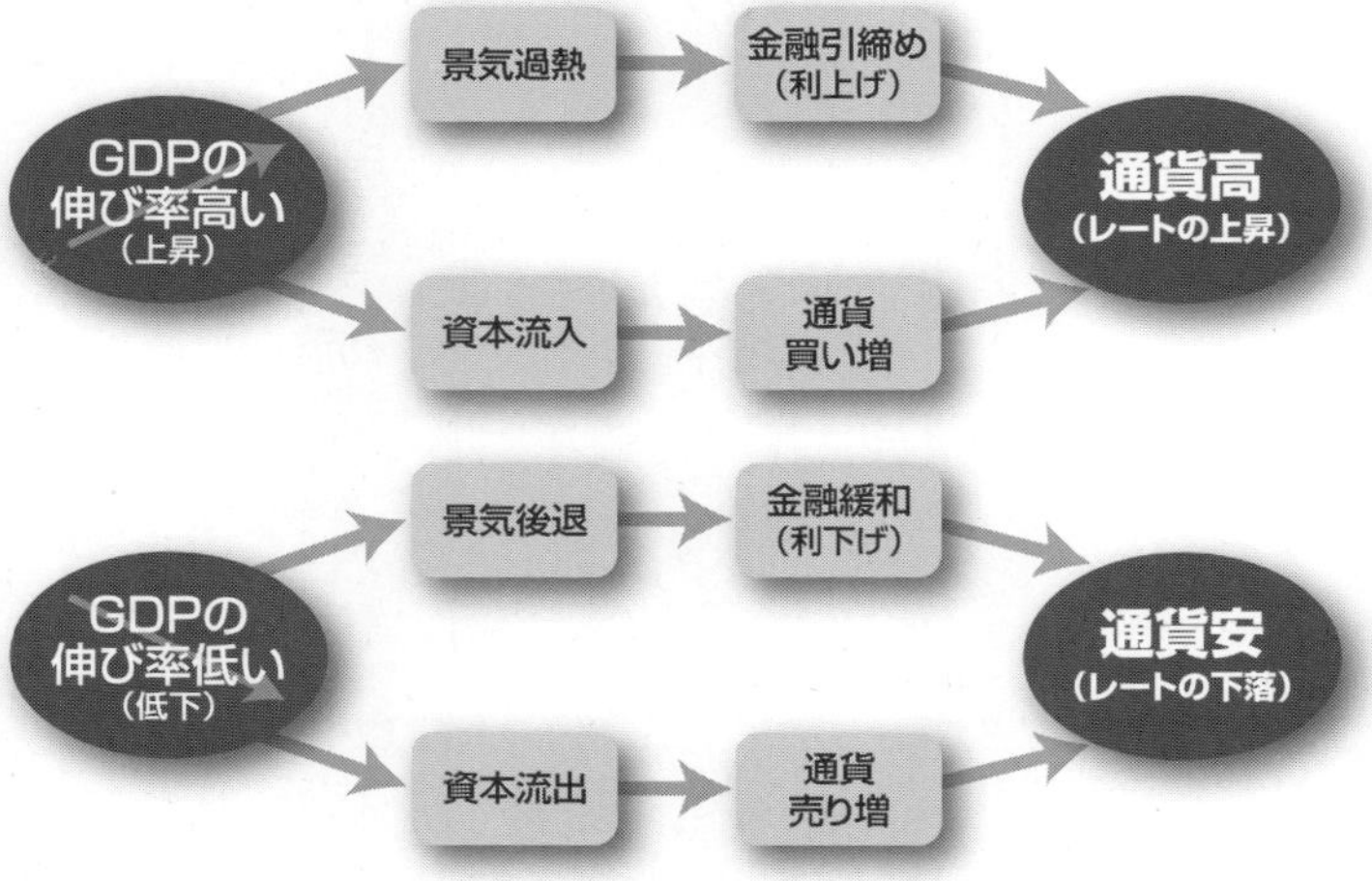

GDPの伸び率高い（上昇）
景気過熱
金融引締め（利上げ）
資本流入
通貨買い増
通貨高（レートの上昇）
GDPの伸び率低い（低下）
景気後退
金融緩和（利下げ）
資本流出
通貨売り増
通貨安（レートの下落）

逆の現象も　貿易収支が赤字の時は、GDPの伸び率が高くてもレートが高くなるとは限らない場合もある。

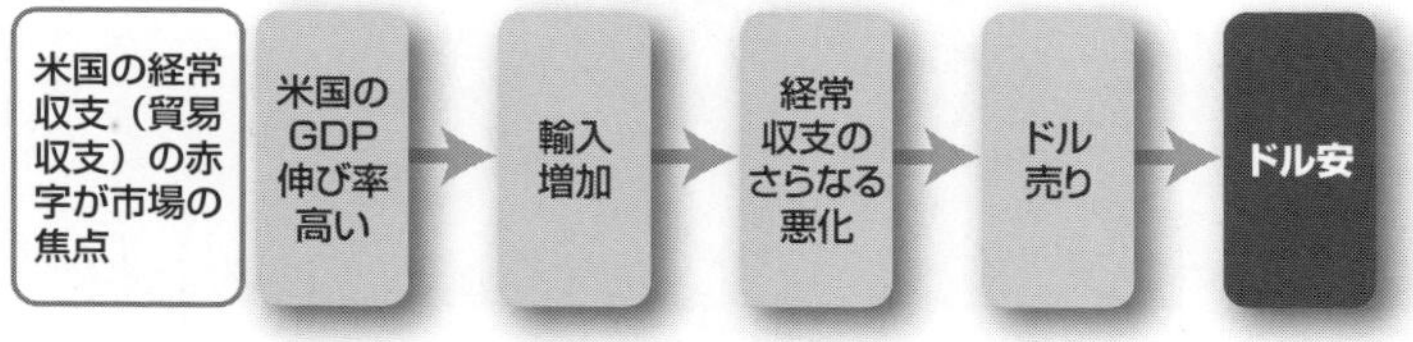

米国の経常収支（貿易収支）の赤字が市場の焦点
米国のGDP伸び率高い
輸入増加
経常収支のさらなる悪化
ドル売り
ドル安

●キーワード

GDP／実質経済成長率

外国為替市場は、刻々と経済の実態を反映して動いていく。経済データ、法制度や新技術、企業業績など、いろいろな事を市場関係者はマーケットに織り込んでいく。

為替取引をするならば、これらが為替レートにどのような影響を与えるのかを自ら判断できるようになりたいものだ。

例えば、経済データにはさまざまなものがあるが、まずは**GDP（国内総生産**Gross Domestic Product）を中心に考えていくのがいいだろう。GDPとは、一定期間（たいてい1年間）に国内で生み出した経済価値（付加価値）の総額だ。

主要国のGDP

(2007年)

国・地域	名目GDP（億ドル）	GDP構成比（名目、%）	1人当たり名目GNI（ドル）
アジア	115,132	21.2%	——
うち日本	43,767	8.1%	37,670
うち中国	32,801	6.0%	2,360
米国	138,112	25.4%	46,040
カナダ	13,264	2.4%	39,420
EU27	167,462	30.8%	——
うちイギリス	27,278	5.0%	42,740
うちユーロ圏	121,793	22.4%	36,329
世界	543,470	100.0%	7,958

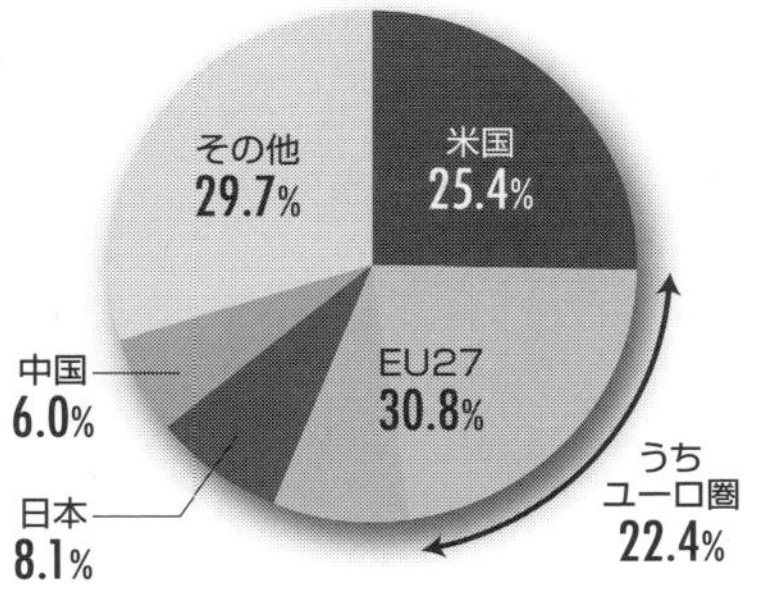
米国 25.4%
EU27 30.8%
うち ユーロ圏 22.4%
中国 6.0%
日本 8.1%
その他 29.7%

（経済局調査室2009年1月7日主要経済指標より）

つまり、GDPはその国の経済力を端的に表すものだ。世界全体のGDPは、2006年には47兆5879億ドル、そのうち約9%が日本のものだ。2006年度の日本のGDPは508兆9251億円、2007年度は515兆7325億円である。そして、ニュースなどでよく耳にする経済成長率とは、このGDPを単純比較したうわべだけの数字である名目経済成長のことが多い。

特に重要なのは、**実質経済成長率**と呼ばれているもの。これは物価変動を考慮してはじき出されたもので、本当の意味での経済成長率を知るためのデータだ。例えば、10%の名目経済成長があったとしても、物価が5%上がってしまえば、実質的な成長は5%程度でしかない。こうした毎年の物価変動を考慮して出したものが、実質経済成長率なのである。

景況指数、物価、財政、雇用統計などからGDPの先行きを読み解くことは、為替相場のトレンドを考えることにつながるのだ。

経済成長率が高いと
いうことは国の経済規模が
大きくなって景気がいいと
いうことだ　景気がよければ
会社は儲かるもの

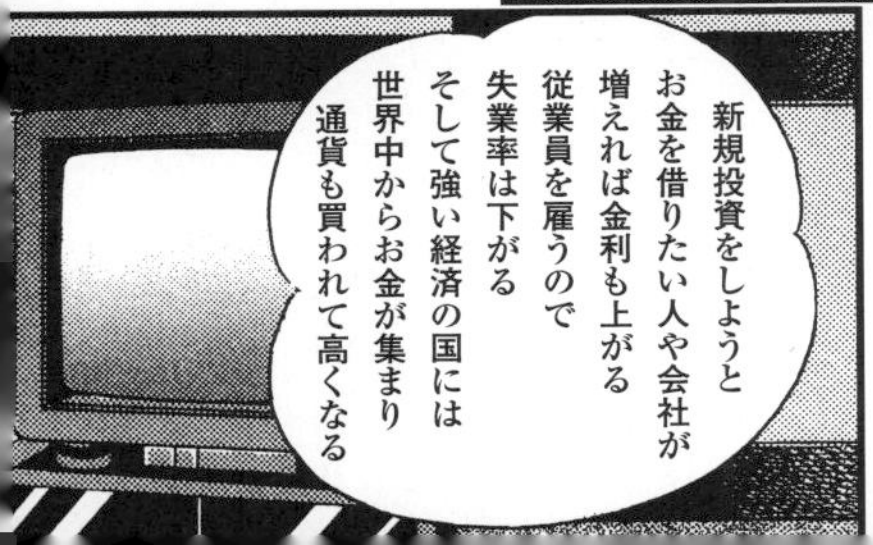
新規投資をしようと
お金を借りたい人や会社が
増えれば金利も上がる
従業員を雇うので
失業率は下がる
そして強い経済の国には
世界中からお金が集まり
通貨も買われて高くなる

最低限知っておきたい経済指標は外務省のホームページで見る

●キーワード
経済指標／CPI／WPI

外国為替市場で注目される日本の主な経済統計

経済統計	統計期間	発表元	発表時期
GDP	四半期	内閣府	6、9、12、3月の10日前後
経常収支	月次	財務省	2カ月後の中旬
消費者物価指数（CPI）	月次	総務省	26日を含む週の金曜日
鉱工業生産指数	月次	経済産業省	翌月下旬
景気動向指数	月次	内閣府	2カ月後の初旬
企業物価指数	月次	日本銀行	翌月の10日前後
完全失業率	月次	総務省	翌月の月末
有効求人倍率	月次	厚生労働省	翌月の月末
財政収支	月次	財務省	毎年7月頃
外貨準備高	月次	財務省	翌月初旬

GDP以外の**経済指標**で着目したいリストが、日本の外務省のホームページにある経済指標だ。

鉱工業生産指数は鉱工業製品を生産する国内事業所の生産、出荷、在庫、設備の稼働状況などがわかる。企業の設備投資が全体的に増えているかどうかは、企業活動の先行きを示す重要な数字だ。

また、個人消費や景気の先行きに影響する雇用関連の数字も見逃せない。完全失業率と、有効求人倍率、これは、企業側の求人者数と働きたい側の求職者数を比べたもの。1よりも大きければ、働きたい人の数よりも企業の求人数のほうが多い。つまり働く側にとって有利な状況というわけだ。ちなみにアメリカでは、非農業部門での就業者数も重要だ。この数が増えれば景気が良くなることを示し、金利上昇につながるといわれている。

景気が良いのはいいことなのだが、物価高＝インフレになるかは重要だ。そこで、**消費者物価指数（CPI）**は重要なデータになる。消費者物価指数は、家計（消費者）の手に渡る商品の価格の動向を示したもので、日本では500品目以上の価格を調査している。

関連して、小売り売上高（Retail sales）やデパート、スーパーの売上高、**卸売物価指数（WPI）**[※1]にも目を向けたい。各国政府や中央

市場への影響度ではアメリカの経済統計が最も注目される

主要国の債務残高の比較（対GDP比）

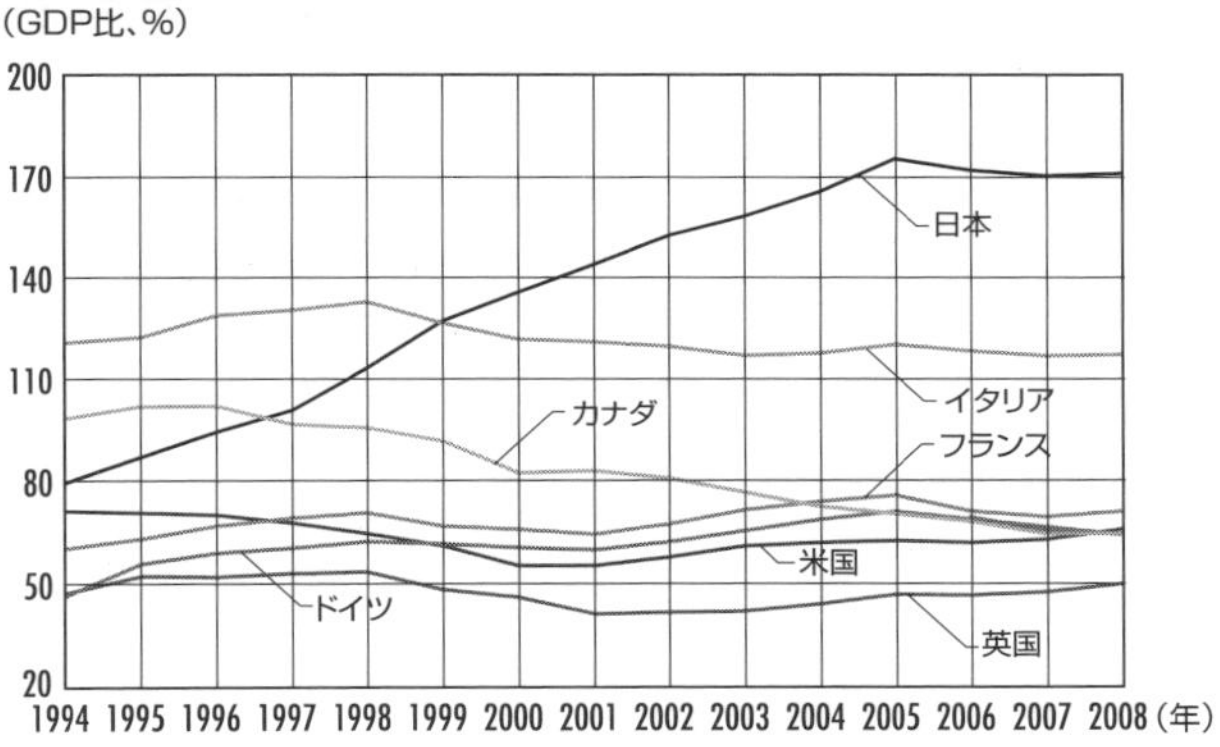
（GDP比、%）
200
170
140
110
80
50
20
1994 1995 1996 1997 1998 1999 2000 2001 2002 2003 2004 2005 2006 2007 2008（年）
日本
イタリア
カナダ
フランス
米国
ドイツ
英国

財務省ー債務残高の国際比較（対GDP比）より

※2　各国の債務残高にも注目しよう。アメリカは2008年には11兆5千億ドルとなっている。これはアメリカの1年間のGDPの約7割に当たる。

財政収支の赤字が膨らんだり、経常収支の悪化が伝えられれば、その国の信頼度が下がり、通貨が売られるのだ。

※1　卸売物価指数（WPI）とは、企業間で売買される900品目以上の商品価格の動向を表すもの。この数字が上がれば消費者物価にも影響するので景気の先行きを示すものとされている。ただし、日本では2002年から「2000年基準企業物価指数」に変更されている。

銀行は物価の安定を最重要課題としているため物価関連のデータは金融政策にも大きな影響を与える。物価指数が高くなれば、中央銀行はインフレを抑えようとするため金利上昇など金融引き締め政策につながる可能性がある。

各国政府の財政収支※2も重要だ。赤字が大きければ、景気対策への財政出動にも限界がある。他に、経常収支、外貨準備高なども見ておきたい。

外為取引に潜むリスク その1 為替変動リスク

外国為替取引のリスク（FX取引を例に）

①為替変動リスク

為替レートが変動することによって、予期せぬ損失が発生する可能性がある

②金利変動リスク

各国の金利は変動することがあるので、つねにスワップが利益になるとは限らない

③信用リスク

FX取引業者の倒産リスク。倒産すれば預けている証拠金が回収できなくなる可能性も

④流動性リスク

保有するポジションを決済することや、新たにポジションをたてることが困難になる可能性がある（為替相場による）

⑤電子取引リスク

注文の誤入力、システムの障害、ユーザーID・パスワードの悪用など

●キーワード
為替変動リスク

外貨預金や外国為替取引の主なリスクを説明していこう。

1つめは、**外国為替レートの変動リスク**だ。

例えば、1ドル＝100円の時に100万円をドル（1万ドル）に替えて、ドル預金したとする（ここではわかりやすいように金利は0％とする）。1年後に1万ドルの元本を円に戻すと、1年前と比べて1ドル＝90円の円高になっている場合は、1万ドルは90万円になってしまう。10万円の損だ。これが円高による元本割れだ。逆に円安なら為替差益で得をする。

では、円高でも円安でもない、為替が全く変化していない場合の損

得はどうか？　答えは、損をすることになる。なぜなら、外国為替市場における手数料を考えていないからだ。外貨取引の場合、銀行の売り値（TTS）と買い値（TTB）が違う。銀行は、外貨を同じ時に高く売り、安く買う。その差はドルの場合で原則2円。基準となる仲値を中心に1円ずつ差がある（通貨によっては最高16円というものもある）。

1ドル＝100円で100万円をドルに替えて外貨預金をしたといったが、これは仲値が99円で、銀行の売り値は100円、買い値は98円という時。したがって、為替が全く動いていない時ならば、1万ドルは98円の買い値で交換されることになるから、100万円は98万円になってしまうのだ。損を出さないための買い値は100円だから、その時の仲値は101円になる。つまり、99円から101円に為替が変動して2円の円安になり、初めて損をしないで済む、といえる。

知っておきたいポイント

過去の為替変動を把握することが資産を守る

原則2円以上の円安で、初めて円安メリットが出てくるということを覚えておこう。そして、重要なのは、円高になれば損をする、ということを認識しているだけでなく、これから為替がどう変動していくのかを予想できるようになること。

そのためにも、過去の為替変動についてもよく知っておくことは、自分の資産を守る手助けとなるだろう。

円高になれば元本割れするかもしれない
リスクがあることも知っておかないと痛い目にあうぞ

外為取引に潜むリスク その2
金利変動リスク、信用リスク

●キーワード
金利変動リスク／信用リスク

次に2つめのリスク、**金利変動リスク**について説明していこう。

外貨預金は金利が高いから大丈夫、と思っている人が多い。確かに1990年以降の日本の長期にわたる低金利時代には、外貨預金は高金利運用として魅力的に見えた。しかし、2008年秋の世界金融危機で世界は一変した。2009年2月現在、ドル、ポンド、スイスフラン、ユーロとも、1年ものの定期預金の金利は2%を下回り、高金利といわれるオーストラリアドルやニュージーランドドルも3%程度と低い。また、高金利の通貨は、長期的には円高になっていくという経済原則も忘れてはならない。

今、預金保険機構で守られた安全な日本円の定期預金で年1%以上の金利を得ることは不可能ではない。そんな時に、年利3%程度で1年くらい外貨運用しても、為替手数料で金利差のメリットは消えさってしまう。

そして3つめのリスクは**信用リスク**だ。日本国内の銀行や信用金庫などの金融機関での、日本円の普通預金や定期預金などには、預金保険機構で日本政府がひとり1行、1000万円までの元本と利息を保証する制度がある。万が一金融機関が破綻《はたん》しても保証してもらえるのだ。しかし、外貨預金はこの保証の対象外となることを肝に銘じておこう。

たとえ日本の銀行に預金していても
外貨預金は保証してもらえないし
金融機関が破綻してしまった場合は
利息はもちろん
元本も戻って来ないリスクがあるのよ

金利差によるリスク

外貨預金の金利は変わらなくても、日本の金利が上がれば利益は減ってしまう。

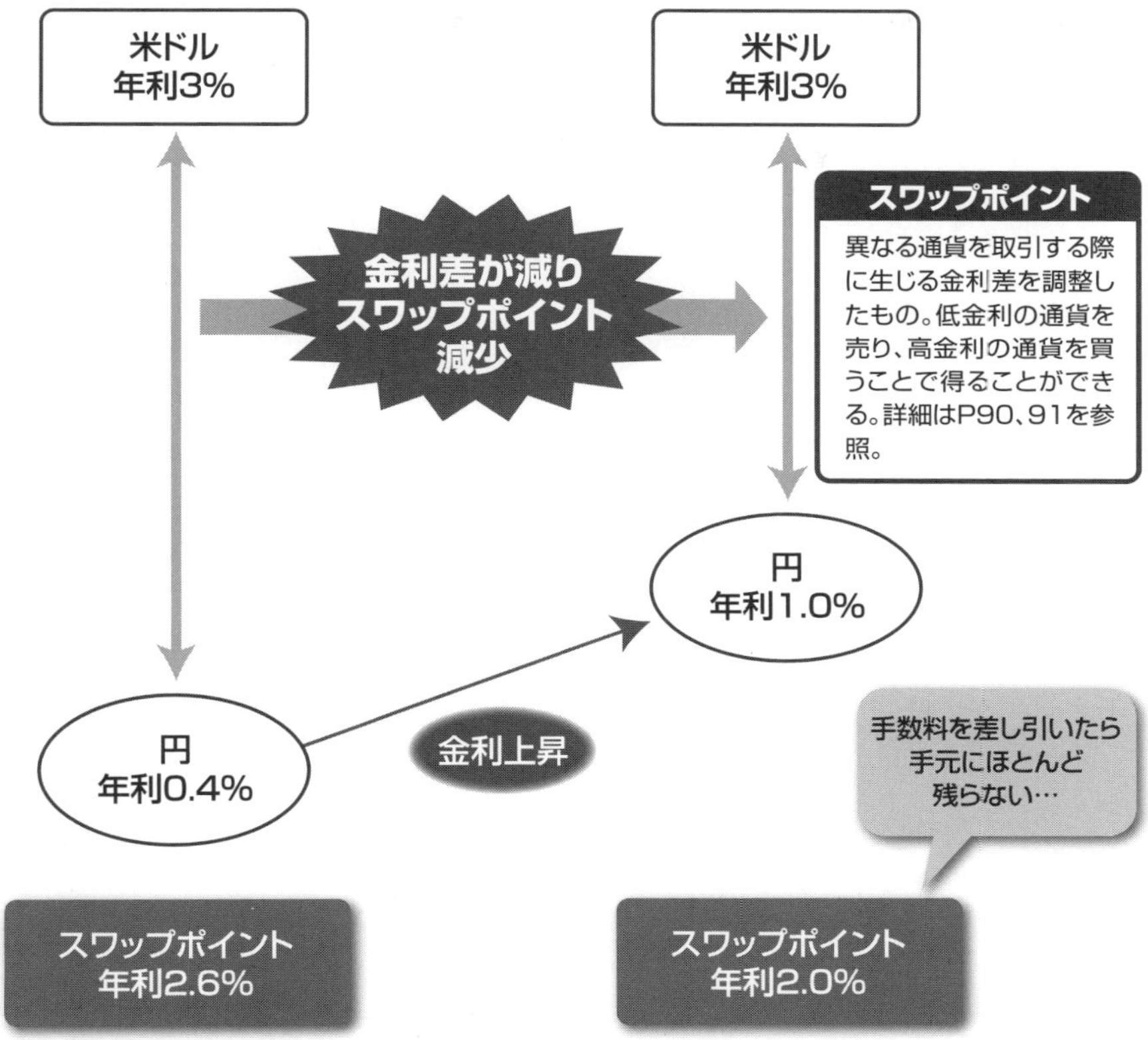

米ドル 年利3%
米ドル 年利3%
スワップポイント
異なる通貨を取引する際に生じる金利差を調整したもの。低金利の通貨を売り、高金利の通貨を買うことで得ることができる。詳細はP90、91を参照。
金利差が減り スワップポイント 減少
円 年利1.0%
円 年利0.4%
金利上昇
手数料を差し引いたら手元にほとんど残らない…
スワップポイント 年利2.6%
スワップポイント 年利2.0%

そんな……
1年間でこんなに金利差が縮まるなんて…

外為取引に潜むリスク その3
流動性リスク、電子取引リスク、税金

●キーワード
流動性リスク／電子取引リスク／税金

外国為替取引のリスクには、せっかくの円安水準の時であっても、規制や取引時間帯などの事情で、うまく為替取引ができない**流動性リスク**、多くの人が利用しているネットなどのシステムがダウンして、情報を収集したり取引ができなくなってしまう**電子取引リスク**がある。アメリカ経済などは比較的情報が入ってくるが、新興国などの経済情報などはネットの時代でも、なかなか入ってこない。言葉の問題もある。これも大きなリスクといえる。こうしたリスクと共に見落としがちなのが、**税金**についての知識だ。

外貨預金をして3％の金利がつくとする。しかし、その利息に税金が課税されることを知っているだろうか。個人の場合は、外貨利息額の20％（国税15％、地方税5％）が源泉徴収されるのだ。もちろんマル優は適用されない。つまり、1万ドルの預金をして年に3％の金利がつき、300ドルの利息がついても、実際に自分が手にできるのは、そのうちの80％で、300ドル×80％＝240ドルということになる。

円安で十分に為替差益を出していればいいが、円高で為替差損を出していても、利息には税金がかかってくることを忘れてはならない。外貨預金で損をする時は、円高＋手数料＋税金のトリプルパンチになる可能性もあるのだ。

知っておきたいポイント

為替差益にも税金がかかる

円安になって為替差益を出している時、税金はどうなるのだろうか。実は、利息に対する税金以外に、為替差益にも税金がかかってくるのだ。

個人の場合、為替差益は雑所得として確定申告による総合課税が必要となる。ただし、年収2000万円以下の給与所得者で、為替差益を含めた給与所得以外の所得が20万円以下であれば、申告は不要だが、円安になり1年で20万円以上得をした場合は、確定申告をしてさらに税金を払うことになる。

外貨預金に課せられる税金

外貨預金では「利息」「為替差益」の２つに税金が課せられる。

	①利息	②為替差益		③為替差損
		予約レートを設定	予約レートを設定しない	
課税方法	利子所得	雑所得（源泉分離課税（20%））	雑所得（総合課税）	非課税
課税時期	満期日または解約した時	満期日または解約した時	確定申告時	

し、島さん
そんなにあわててどうなさったんですか？

為替差益、為替差損のいずれの場合でも、利息には税金がかかってくる。

外貨預金の利息には税金が課せられていることを忘れたのか！

中身と利便性で金融機関を選ぼう

●キーワード
金利／為替交換手数料／金融取引商品／財務の健全性

実際の取引はどの金融機関ですればいいか。金融機関によって大きな違いがある。選ぶ際のポイントをいくつか紹介しよう。

まず注目したいのが、**金利**だ。1年間のドル定期預金をしようと決めても、金融機関によって金利差が大きい。また、同じ金融機関でも、窓口、テレホンバンキング、ネットと、申込方法によって金利に差があることも。外貨預金を始める前には、できるだけ多くの金融機関の金利を調べておきたい。

次に**為替交換手数料**。無料のところから数円必要なところまで、さまざまだ。

そして、**さまざまな金融取引**が

金融機関を選ぶポイント

①金利水準
②手数料
③金融商品の品揃え
④健全性
⑤リスク管理
⑥利便性
⑦コンサルティングサービス

知っておきたいポイント.

金融機関の格付け

格付け機関とは、政府や企業が発行する債券について、元金、利子の支払いの見通しの確実性を、簡単な記号で評価する機関のこと。

以前は格付け機関の出す評価を見て参考にしていた人も多いと思うが、近年はこの格付けの信頼性自体が揺らいでいる。しかし、個人が金融機関の財務諸表などを読みこなすのは困難だ。個人で判断する場合は、少なくとも複数の会社の格付けを参考にしてもらいたい。異なる格付け機関で評価に差がある時は要注意だ。

可能であるかどうか、ということ。※為替予約取引ができれば円安水準であるメリットを逃さずに済む。

外貨定期預金から外貨普通預金への預け替えができるかということも重要だ。また、ある程度の金額を預ける場合には、外国為替をスポットレートで取ってくれる金融機関もある（スポットレートとは、営業日の10時に決まる交換レートではなく、取引時点でのマーケットレートで外国為替を売買できること）。さらに、ネット取引の簡便性も大切だ。こうした各種金融サービスが整った金融機関であるかどうかも重要なポイントとなる。

その他、**金融機関の財務の健全性**も大切だ。外貨預金は、日本の預金保険機構で守られていない。金融機関が破綻したら、預けた資金を回収できない可能性がある。

……
どうした島君 浮かぬ顔をしているじゃないか
カカカ 早くも金融機関選びに後悔しているんじゃないですか
携帯電話によるモバイルバンキングサービスが便利だと思って今の金融機関を選んだのですがやはり実益重視にすべきだったたでしょうか?
いや そうした利便性ももちろん重要だ 君のようになかなか時間のとれない人間は特にそうだろう
ATMを利用できるか 相談に応じてくれるコンサルティングサービスがあるかなど それぞれ求めるものが違う いずれにせよよく調べることだな

※為替予約取引…あらかじめ決めておいた条件に基づき、所定の期日に為替の売買を実行すること。うまく使うと外国為替相場の変動に伴う損失を回避することができる。

外国為替取引をするのなら各国の特徴を知っておこう

●キーワード
カナダドル／オーストラリアドル／ニュージーランドドル／イギリスポンド

　外貨預金はドルやユーロだけではない。ここでは主な通貨の特徴をおさえておこう。

　まずは米国のお隣である**カナダドル**。米国との貿易量も多く米国経済に影響を受けるため、ドルの値動きと連動することも少なくない。１９９０年代後半から経済が改善し、近年は財政収支も経常収支も黒字となっている。そして忘れてならないのは資源国通貨であるということだ。オイルサンドも考慮すると世界でも有数の石油埋蔵量を誇るために、原油価格が上昇した時にドルは売られるのに対し、カナダドルは買われるという特徴がある。

各国の通貨の特徴

米ドル	世界通貨の基軸で、為替取引の9割に絡んでいる。各国政府の外貨準備として用いられており、流通量が圧倒的に多い。関連情報が豊富。
ユーロ	ヨーロッパ各国の通貨を統合して作られた通貨で、1999年より使用が開始された。取引量は世界第2位で、米ドルに次ぐ流動性を持つ。
日本円	世界経済の動きと関連が強い。円高への変動は早く、円安は緩慢になる傾向が強い。
豪ドル	オーストラリアの通貨。豊富な天然資源で、原油価額、資源価額が上昇すると買われる傾向がある。
英ポンド	値動きはユーロに連動する傾向にある。金融業自体が産業の中心のひとつ。北海油田を有することも覚えておきたい。
スイスフラン	流動性は低く規模も小さい。政治的には中立国家。原油の変動に影響を受けないため、リスク分散投資の選択通貨として最適。
NZドル	ニュージーランドの通貨。高金利通貨として有名。隣国のオーストラリアとの結びつきが強いため、オーストラリアドル相場の影響を受けやすい。流動性が低いため、何か事件があると荒い値動きになる。
カナダドル	石油埋蔵量で世界有数を誇る資源国カナダの通貨。地政学的に米国と強くリンクしているため、カナダドルは米国経済の傾向や米ドル相場の影響を受けやすい。
中国元	中国政府直轄で、自治権を有する香港の通貨も、中国の高成長と景気拡大の影響を受け、近年伸びてきている。米国からの元高圧力は要注意。

主要国の政策金利推移

政策金利とは、中央銀行が市中銀行にお金を貸す場合に適用される金利のこと。公定歩合とも呼ばれる。

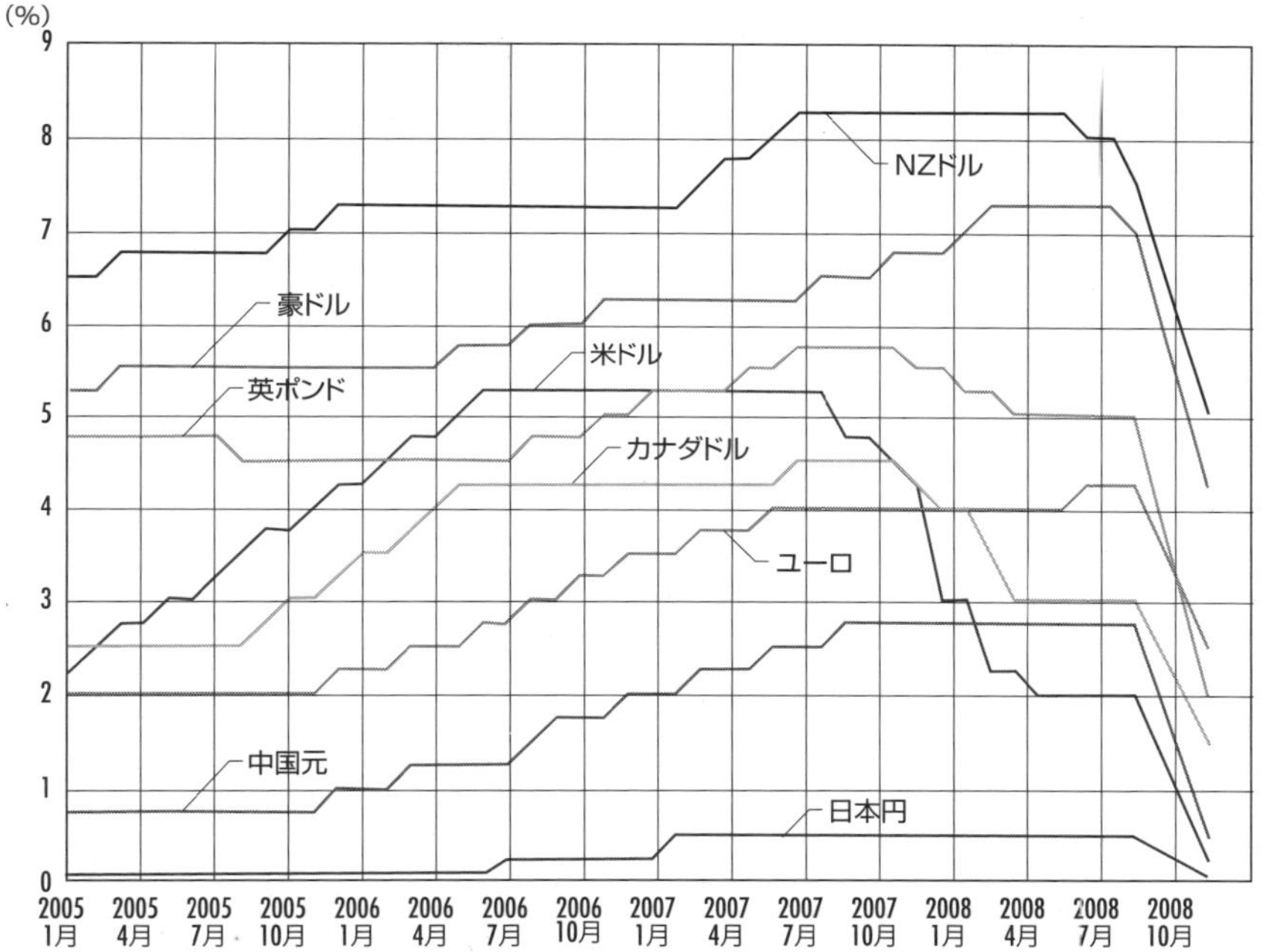

外貨預金の金利は、政策金利と密接に連動している。過去の政策金利を見ても、日本円の金利が他の主要通貨に比べ、極めて低いことがわかる。

　そして資源国といえば、南半球の**オーストラリア**だ。鉄鉱石、金、銅、そしてレアメタルなどの鉱物資源に恵まれている上に、牛肉や小麦など農業製品も多く輸出している。特に鉱物資源の価格が高値安定した時やＢＳＥ問題が起きた時には、オージービーフへの注目が集まるなどオーストラリアドルが強くなった。逆に、国内の農業に打撃を与える干ばつなどの影響を受ける。オーストラリアは世界中から投資資金を集め産業育成をすることもあり、比較的高金利であるが、ドルやユーロなどと比べると通貨の流動性が低いため、為替の値動きも激しいのが特徴だ。

　オーストラリアドルが、市場関係者にはオージーと呼ばれるのに対し、隣国**ニュージーランドドル**はキウイの愛称がある。農業が中

各国の基礎データ

①ヨーロッパ連合
②ユーロ
③424万平方キロメートル（加盟国27カ国）
④ー
⑤4億9,513万人（2007年）
⑥16兆8,867億ドル（2007年）
加盟国:ベルギー、ブルガリア、チェコ、デンマーク、ドイツ、エストニア、アイルランド、ギリシャ、スペイン、フランス、イタリア、キプロス、ラトビア、リトアニア、ルクセンブルク、ハンガリー、マルタ、オランダ、オーストリア、ポーランド、ポルトガル、ルーマニア、スロベニア、スロバキア、フィンランド、スウェーデン、英国

①アメリカ合衆国
②米ドル
③982.6万平方キロメートル
④ワシントンD.C.
⑤3億407万人（2008年）
⑥13兆8,075億ドル（2007年）
⑦工業（全般）、農業（小麦、トウモロコシ、大豆、木材他）、金融、保険、不動産業、サービス業
⑧原油、天然ガス、石炭、金、銅、鉛、ニッケル、ウラン、ボーキサイト、鉄鉱石など

①オーストラリア連邦
②豪州ドル
③769.2万平方キロメートル
④キャンベラ
⑤2,033万人（2005年）
⑥1兆130億9,976万ドル（2007/08年）
⑦不動産、流通、金融、保険、建設、通信
⑧石炭、鉄鉱石、ボーキサイト、ウラン、金、原油、天然ガス、オパールなど

①イギリス
②スターリング·ポンド
③24.3万平方キロメートル
④ロンドン
⑤6,097万人（2007年）
⑥2兆8,033億6,233万ドル（2007年）
⑦航空機、電気機器、エレクトロニクス、化学、金属、石油、ガス、金融
⑧原油、天然ガス、石炭、鉛など

出所：外務省、ジェトロ

心の人口４００万人の小国であるが、オーストラリア同様に国の高金利政策により世界中から投資資金が集まる。小国のため、オーストラリアドル以上に値動きが大きくなりがちである。どちらも、国の政策次第で高金利政策が転換されれば為替も金利も下がるため、外国為替取引をする投資家から見ると先の読めない部分もある。

イギリスポンドや**スイスフラン**は、ユーロができる前まではドル、円、マルクと並んで世界の主要５通貨だった。今は、どちらもユーロ圏の経済状況に左右される。しかしスイスフランは、ユーロでの地政学的リスクが高まると、逃避通貨として買われる可能性がある。また、イギリスは北海油田があること、そしてアメリカ同様、金融が経済で重要な地位を占めている

①カナダ
②カナダドル
③997.6万平方キロメートル
④オタワ
⑤3,326万人(2008年)
⑥1兆4,297億487万ドル(2007年)
⑦金融、保険、不動産業、製造業、建築業、鉱業
⑧原油、ウラン、天然ガス、ニッケル、亜鉛、パルプなど

①スイス連邦
②スイスフラン
③4.1万平方キロメートル
④ベルン
⑤759万人(2007年)
⑥4,266億5,345万ドル(2007年)
⑦機械・機器、金融、観光
⑧なし

①日本
②日本円
③37万平方キロメートル
④東京
⑤1億2,770万人(2006年)
⑥4兆3,816億ドル(2007年)
⑦自動車、エレクトロニクス、造船、鉄鋼などど
⑧珪石、金銀銅、石炭、硫黄など

①中華人民共和国
②中国元
③960万平方キロメートル
④北京
⑤13億2129万人(2007年)
⑥3兆3,823億ドル(2007年)
⑦繊維、石油化学、鉄鋼、工作機械、自動車、PC・半導体、家電など
⑧石炭、鉄、銅、アンモニウム、マンガン、すず、亜鉛、水銀など

①国名　②通貨　③面積　④首都　⑤人口　⑥GDP(名目)　⑦主な産業　⑧主な資源

ことを忘れてはならない。今後ユーロの導入などを再検討することがあれば、為替自体にも大きな影響を与えるだろう。

初めは
ドル円から
始めるのが
わかりやすいかな

Column

同じリスクを取っていて利益を出せる人、出せない人

外貨預金をする絶好のタイミングとは?

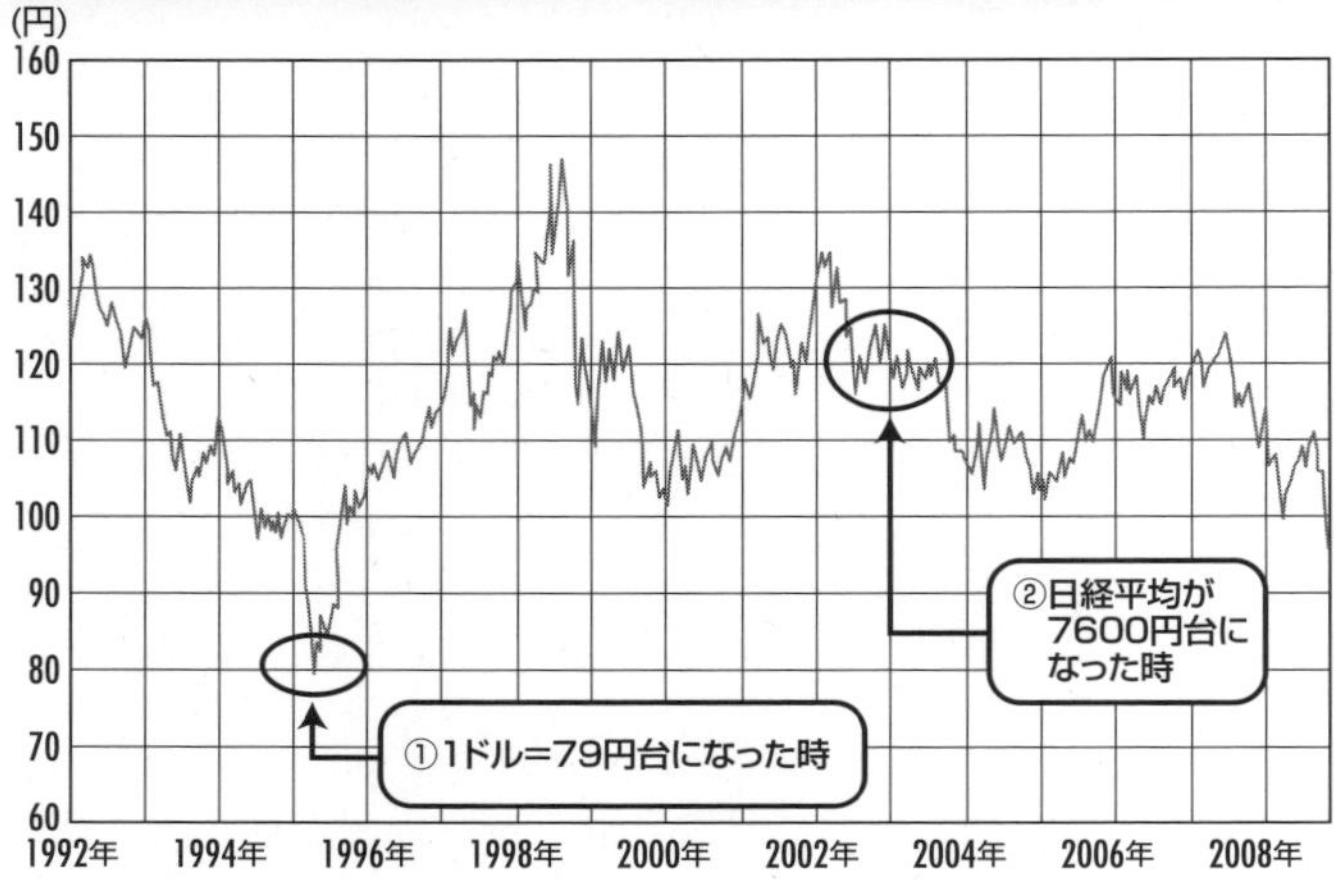

外国為替取引に限ったことではないが、運用によって利益を出す大原則は、安く買って高く売るということに尽きる。多くの場合、円高の時、すなわち外貨が安い時に円から外貨に替え、外貨が高く円が安くなった時に、安い円を買い戻して取引を完結させる。金利差や手数料や税金のことも考慮に入れなくてはいけないが、これができれば利益が出るのだ。しかし、驚くほど多くの人が損をして取引を完結させる。なぜだろうか？

私が絶対の自信を持ってリスク商品への投資を勧めたことが、過去に2回ある。一度めは１９９５年4月、クリントン大統領時代のアメリカの円高政策で1ドル＝79円台になった時にドル預金を勧めた。二度めは２００３年、日経平均が７６００円台になった時に株式投資を勧めた。「今は相当行きすぎた安値圏にはあるのではないか。5年後にはきっと……」。しかし為替が1ドル90円、80円を突破して安くなっ

みんなが売却している時が
買い時なんだが
並みの神経の持ち主だと
それは難しいらしい
俺みたいな
あまのじゃくだと、
まったく
抵抗がないんだがなぁ……

た時、すでに外貨預金をしている多くの人は自分の資産が目減りしていくストレスに耐えきれない。新聞、雑誌を見ても、「円高がさらに続く」といった書き方をしていた。

周りのほとんどがドルを売却しているにもかかわらずあえてドルを買うのは、相当な勇気を要するものだ。市場参加者のほぼ全員が必死になって売っているものを買うのである。これは難しい。よほどタフでなければ買えないだろう。

多くの人が外貨を売る時は、安くなって損をした時。逆に多くの人が買っている時は、市場参加者の大多数が買う側に回っている時だ。たいていの人は、誰もが買っているから自分も買ってみようと思いたくなるものだ。誰に聞いても、市場の読みは「強気」なのである。誰もが買っている時は、しかし高値圏に近いことも多い。

損をしている時に売りたくなる。得ができない時に買いたくなる。さまざまな分析を読んで勉強するのはいい。しかし、利益を出すためには、他人の意見を聞いても惑わされない強固な意志と、自らの相場観が必要なのではないだろうか？

第3章

日本一わかりやすい最新金融商品入門

外国為替取引にはさまざまな金融商品がある。
第３章では、それらによる利益の出し方とその落とし穴について説明していこう。

デリバティブとは?

デリバティブとは、株式や債券、為替などから派生した金融商品のこと。

私たちのさまざまなニーズに応えるべく、多様に考案・形成され、リスクヘッジや効率的資産運用等の手段として幅広く活用されている。

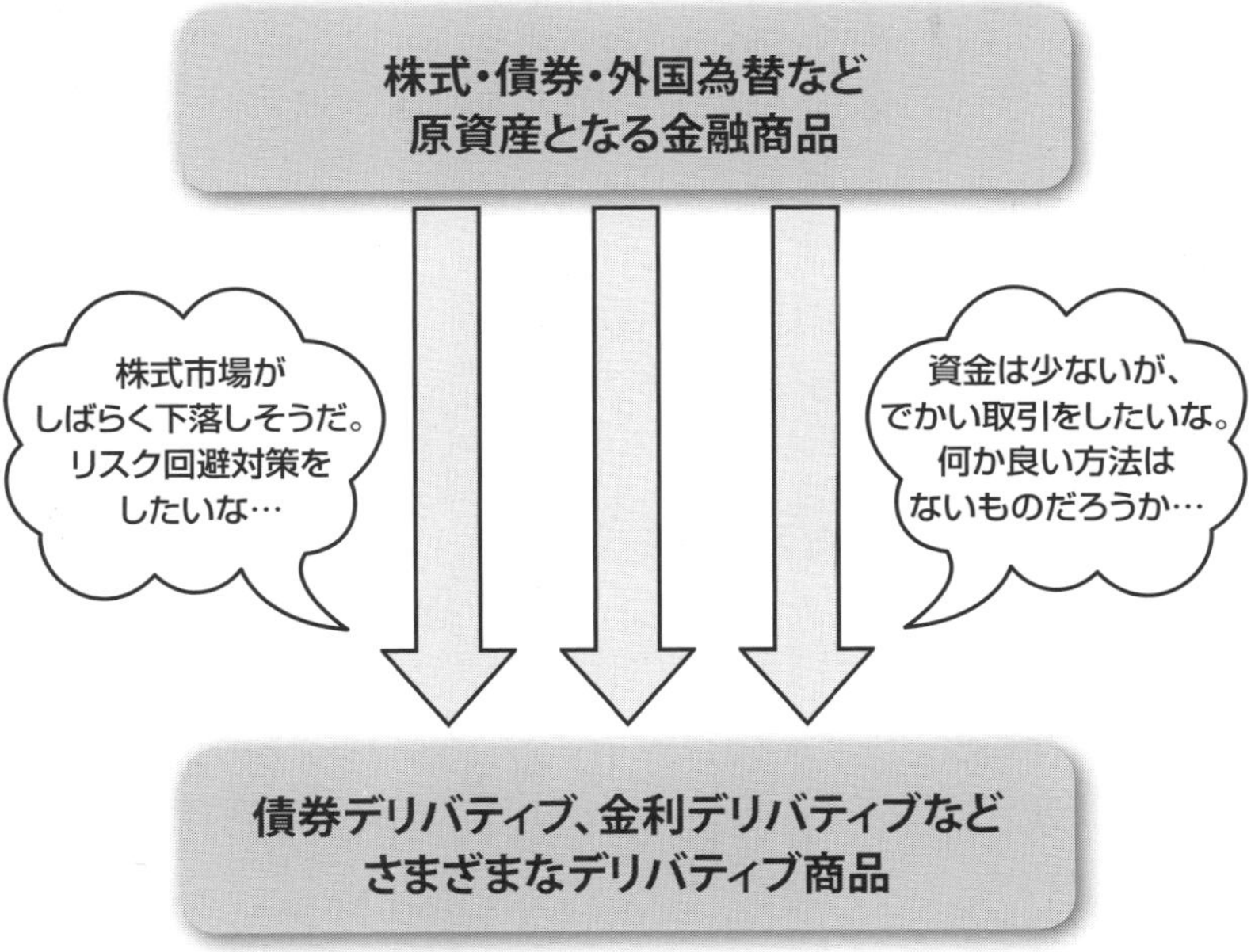
株式・債券・外国為替など
原資産となる金融商品
株式市場が
しばらく下落しそうだ。
リスク回避対策を
したいな…
資金は少ないが、
でかい取引をしたいな。
何か良い方法は
ないものだろうか…
債券デリバティブ、金利デリバティブなど
さまざまなデリバティブ商品

デリバティブは
株式・債券・預貯金などの
リスクを軽減したり
高い収益性を追求する
手法のことらしいな
本来
「デリバティブ」とは
「派生的、副次的」
という意味を
持っています
何
企んでいるの
あなたたちは

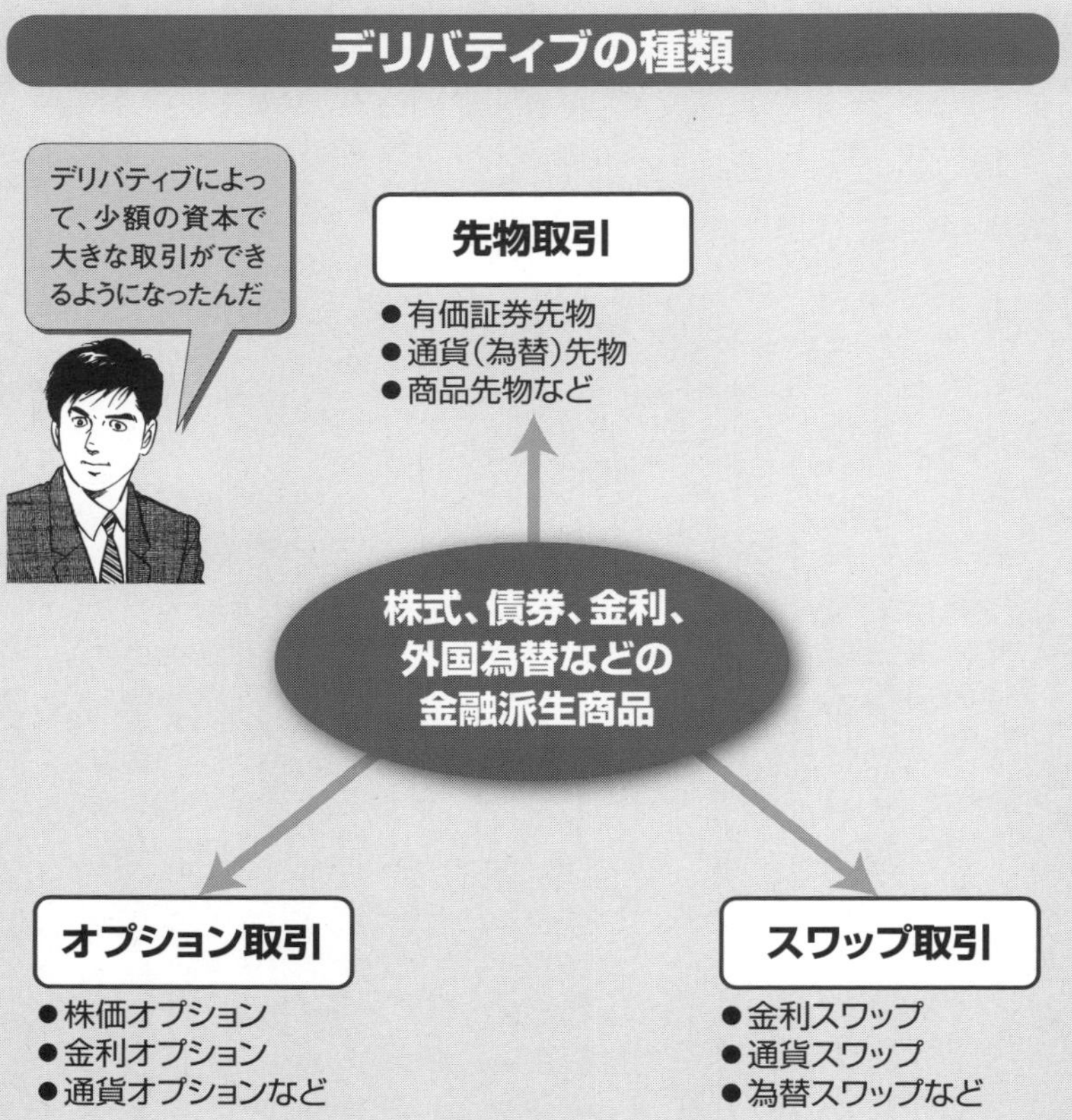
デリバティブの種類
デリバティブによって、少額の資本で大きな取引ができるようになったんだ
先物取引
●有価証券先物
●通貨(為替)先物
●商品先物など
株式、債券、金利、外国為替などの金融派生商品
オプション取引
●株価オプション
●金利オプション
●通貨オプションなど
スワップ取引
●金利スワップ
●通貨スワップ
●為替スワップなど

「サブプライムローン」は不動産市場が右肩上がりで上がり続けることが前提の極めていびつな金融商品だった
それを証券化しいろいろ組み合わせることによって本来のリスクをわかりにくくさせてしまったのだ
アメリカは日本のバブル経済崩壊から何も学んでいなかったんですね

FX取引には複雑なしくみがある

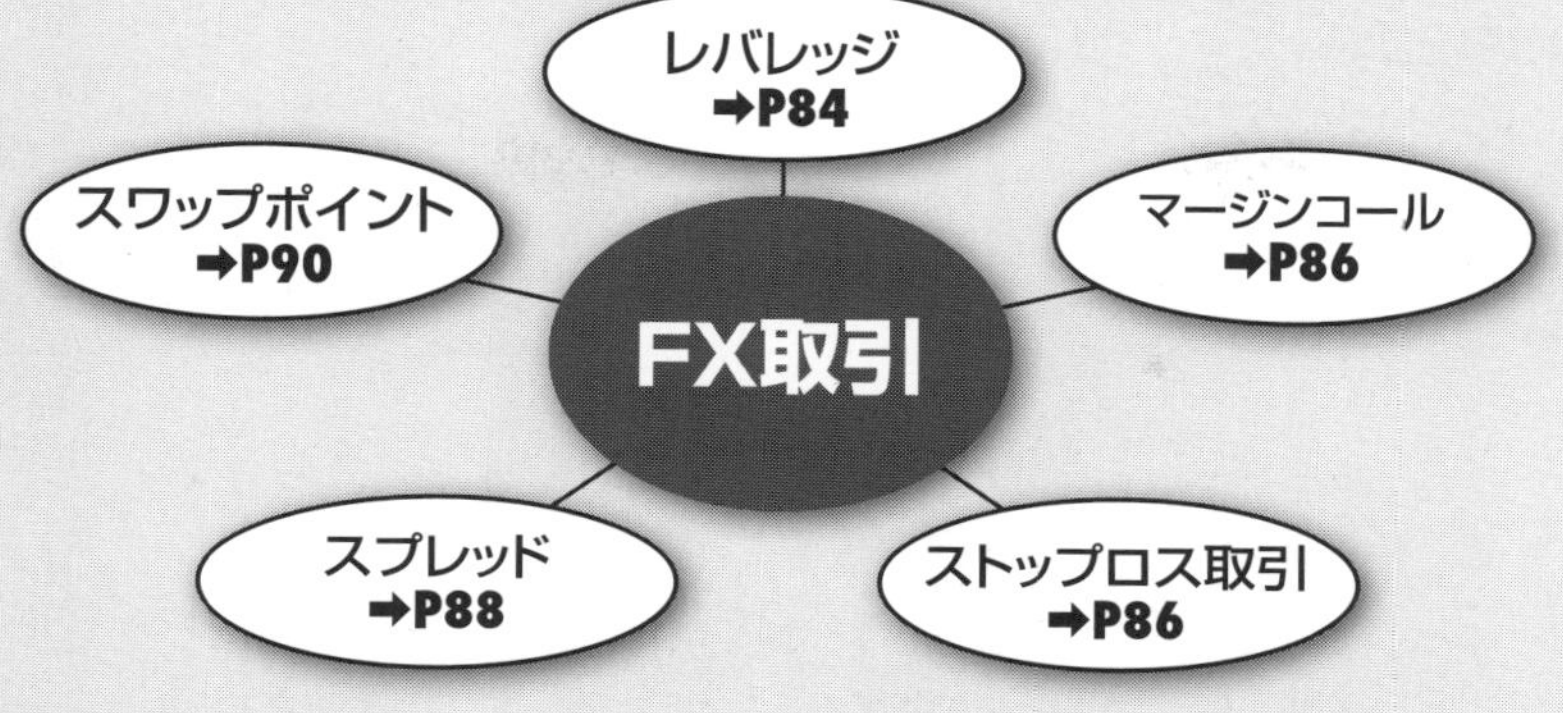
レバレッジ
➡P84
スワップポイント
➡P90
マージンコール
➡P86
FX取引
スプレッド
➡P88
ストップロス取引
➡P86

2008年秋に起きたリーマン・ブラザーズの経営破綻と世界金融危機は、ひとつの時代の終わりを象徴する。問題の露呈から株式市場の暴落、為替市場の混乱まで、数日のうちに世界がひっくり返った。サブプライムローンという新しい金融取引を生み出したことによって、不動産市場は過熱され、実体経済の実力以上に景気の底上げが行われていたのだ。

さらに、CDS（クレジット・デフォルト・スワップ）問題はサブプライムローン以上のものだともいわれている。1636年、オランダチューリップ相場の大暴落がヨーロッパ中を大不況にしてしまって以来、バブル経済の歴史は繰り返されている。近年では、80年代後半にロンドンで始まった金融ビッグバンと、80年代後半の日本のバブル景気が記憶に新しい。

金融の自由化によって、世界は実物経済中心から、お金がお金を生み出す金融ビジネスにますます注目するようになった。特に、金融派生商品（デリバティブ）が活発に取引されるようになり、少額の資本でも大きな利益を得ることができるようになった。先物、フューチャー、ワラント、オプション、証券化ビジネス……それらも、土台は基本的な金融取引から始まっている。

第3章では、外国為替にまつわる基本的な金融商品、金融取引の実際を見てみよう。

どこよりもわかるデリバティブ入門 その1

先物取引

●キーワード

デリバティブ／先物取引

為替関連のデリバティブ

デリバティブは、相場変動のリスク回避を目的とした金融商品。
為替取引をする上で、デリバティブは無視できない。

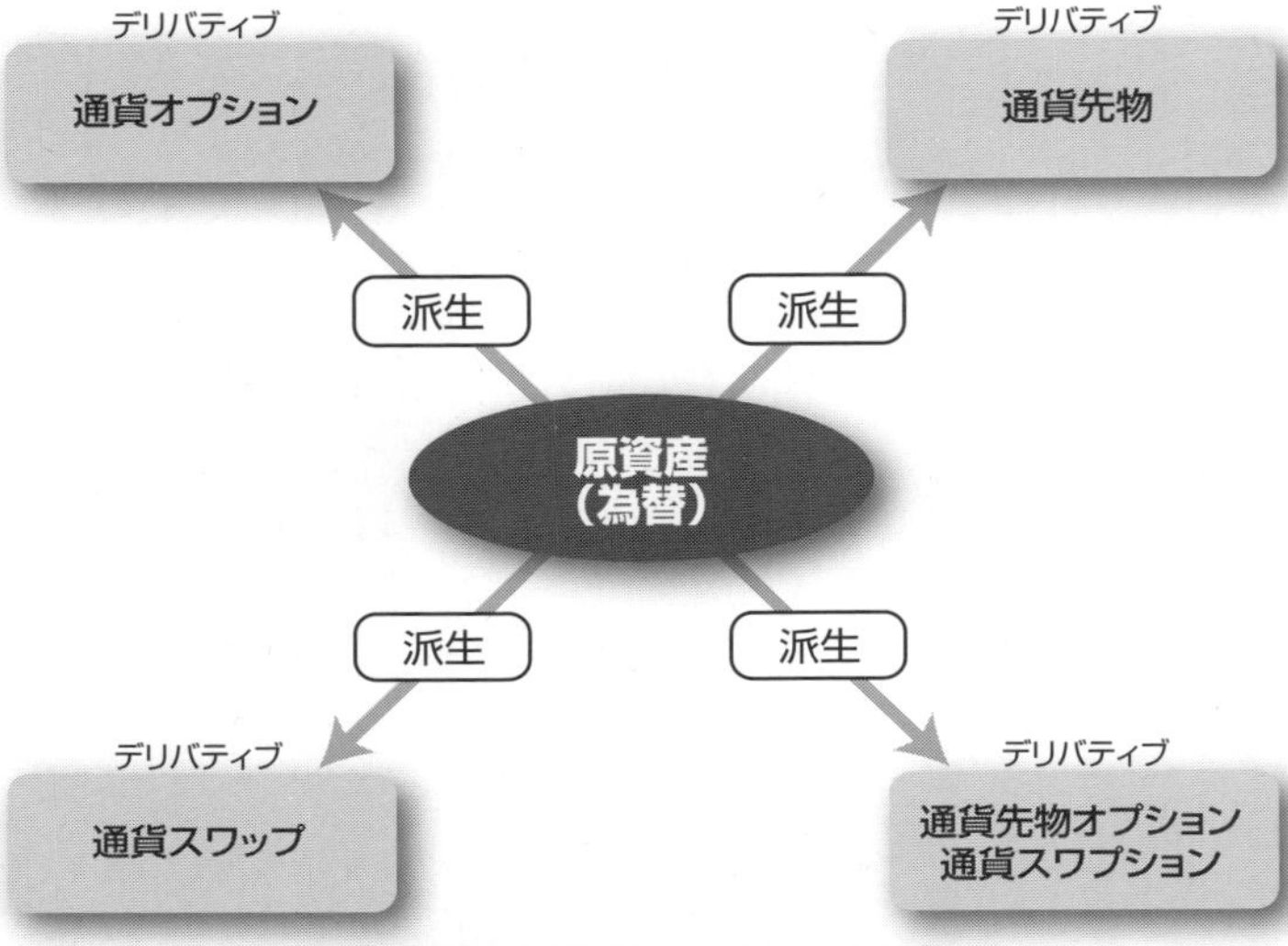
デリバティブ
通貨オプション
デリバティブ
通貨先物
派生
派生
原資産
(為替)
派生
派生
デリバティブ
通貨スワップ
デリバティブ
通貨先物オプション
通貨スワプション

東京市場の為替関連デリバティブの取引量　(単位:億ドル)

	2001年4月	2004年4月	2007年4月
外為関連デリバティブ	60	85	118
通貨スワップ	6	10	10
通貨オプション	54	75	108

※1営業日あたり平均取引高　※BIS（国際決済銀行）2004年調査による

外国為替市場だけでなく、今や世界経済にも大きな影響を与える金融商品の**デリバティブ**。ヘッジファンドなどが用いるものというだけでなく、個人が購入する投資信託にも組み込まれていることもある。

為替取引をする上で、世界経済も為替市場も大きく動かすデリバティブのことは無視できない。しかし、これらの商品は最新の金融工学、数学論（その中でも確率論やゲームの理論といわれるもの）を用いたオプションなど、非常にわかりにくいものが多い。まずは、デリバティブの種類、主な内容としくみを理解しておこう。

外為市場での通貨オプションを中心とするデリバティブの取引量は飛躍的に増えてきている
多様なリスクヘッジ手段や高度なトレーディング手法を提供しているといえる

デリバティブとは、債券、外国為替、株式、原油や穀物に至るまで現物商品の価格の相場変動によるリスクを回避するために開発された金融商品のことだ。

現物から派生するように生まれてきたので、金融派生商品ともいわれている。具体的には、**先物**、**スワップ**（P76）、**オプション**（P78）などがあげられる。デリバティブは、古代ギリシャ時代からあるが、1980年代に入り、コンピュータの急速な高度化とともに、その規模、様相などが一変した。

このうち**先物取引**というのは、将来の価格変動を予想し、現時点で織り込んだ市場価格でその商品の取引を行うものだ。

原油や農作物の価格は、今や現物よりも先物価格で左右されるといっても過言ではない。

知っておきたいポイント

先物取引でリスクを回避できる!?

例えば、取引時期が４月であったとしても「今年の冬は寒くなり灯油などが売れるだろうから、原油が上がりそうだ。現物が１バーレル40ドルでも、先物は42ドルかもしれない」と思ったら、12月の受け渡しの先物で買ってしまえる。すると、12月までに価格がさらに上がり、仮に1バーレル50ドルになったとしても、42ドルという､事前に決められた価格で契約した量を買えるというわけだ。

つまり、先物取引を行えば値上がり値下がりのリスクを回避できるといえる。先物取引では、実際には物を受け渡さずに、現物との価格差を用いた差金決済になることが多い。

どこよりもわかるデリバティブ入門 その2

スワップ取引

●キーワード
スワップ／通貨スワップ／スワップポイント

スワップ（SWAP）とは交換するという意味だ。金融取引でのスワップも、まさに交換するという意味合いで使われる。例えば、通貨スワップの場合を考えてみよう。

1ドル＝100円の時に、日本の会社A社がアメリカで100万ドルのお金を借りた。そのため、これから10年間、毎年2％の金利を払わなくてはならなくなったとしよう。毎年2万ドル支払うということは、その時点では100円×2万ドルで200万円だが、もし1ドル＝120円になれば120円×2万ドルで240万円支払わなくてはならなくなる。

一方、アメリカの会社のB社が、100万ドル相当のお金を日本で1億円借り、毎年1・8％の金利を10年間払わなくてはならないとする。金利は180万円だ。B社にとってみると180万円は、その時点では1万8000ドルだが、円高になれば2万ドルにも3万ドルにもなる可能性がある。そこで、A社がB社の払う日本円の利息分180万円を払う代わりに、B社にA社の2万ドルを肩代わりしてもらうと、それぞれの通貨で支出が固定できる。こうやって通貨取引を交換することを**通貨スワップ**という。他にも、変動金利と固定金利を交換する、金利スワップもある。

簡単にいえばスワップは利息の肩代わりを行い差額の発生を防止するシステムだ
為替先物予約がほぼ1年までしかなかったため長期の為替変動リスクを回避するために生まれたといわれている

通貨スワップ

日本の会社A社がアメリカで100万ドルを借り、アメリカの会社B社が日本で1億円を借りた場合、両社は互いの利息分を肩代わりすることができる。

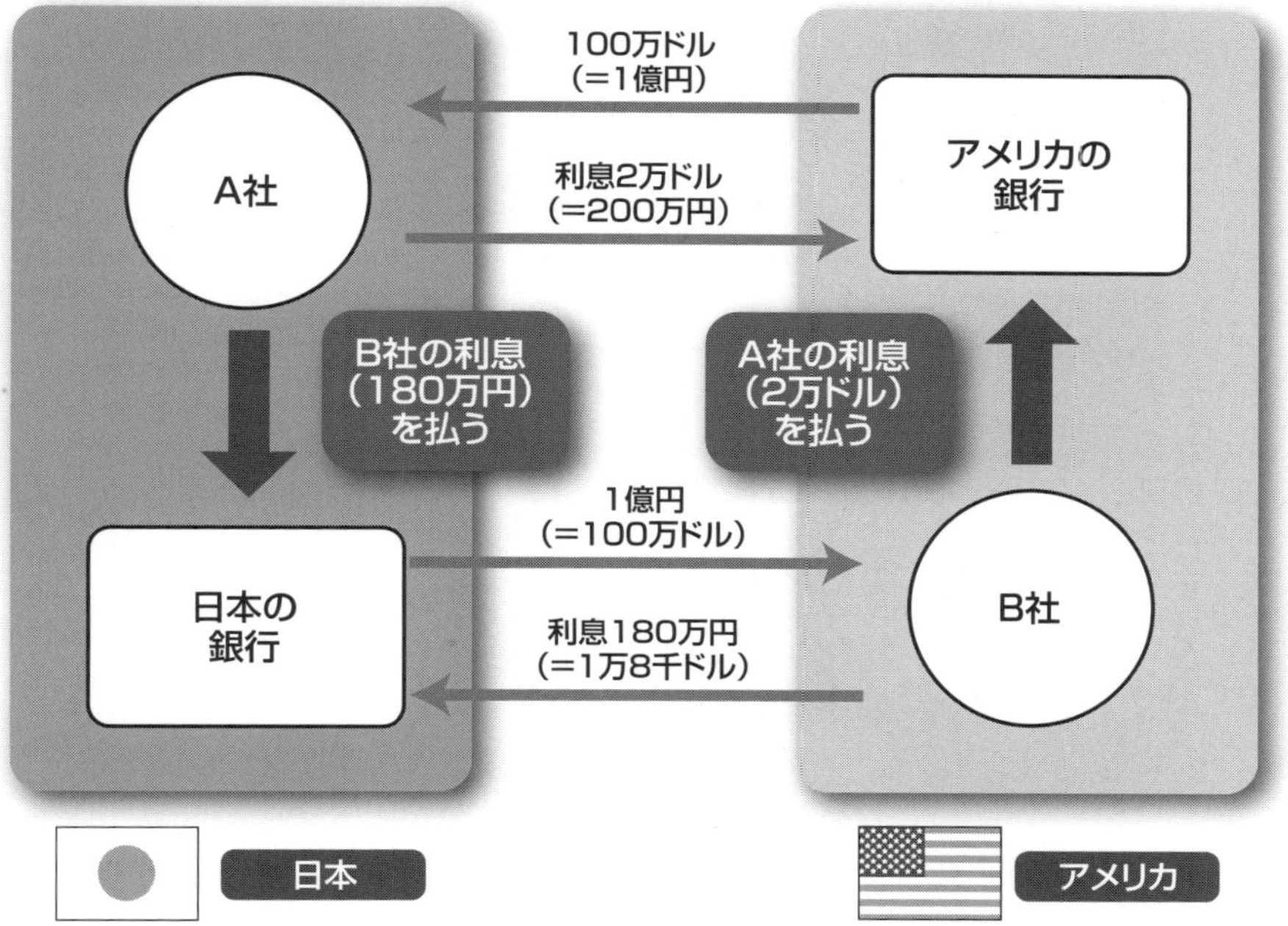
100万ドル
(=1億円)
A社
利息2万ドル
(=200万円)
アメリカの
銀行
B社の利息
(180万円)
を払う
A社の利息
(2万ドル)
を払う
1億円
(=100万ドル)
日本の
銀行
利息180万円
(=1万8千ドル)
B社
日本
アメリカ

スワップポイントとは？

外国為替証拠金取引（通称 FX）においてスワップポイントという用語がある。例えば、FX 取引をして、1 万ドルを 1 ドル＝ 100 円の時にドル買いをしたとしよう。取引をした人は、事実上、100 万円を借りて、1 万ドルを得たわけだ。この 1 万ドルも現金やトラベラーズチェックで保有しているわけでなく、金融機関に預けているので利息がつく。反対に、借りている円の利息は払わねばならない。このとき、ドルの金利が高く、円の金利が低ければ、相殺した金利分の利息をもらうことになる。

この金利のやり取り分がどのくらいになるかを計算したものがスワップポイントだと考えればわかりやすいだろう。低金利の通貨を売り、高金利の通貨を買う場合はスワップポイントをもらい、低金利の通貨を買い、高金利の通貨を売る場合には、スワップポイントを支払うことになる。これは FX 取引で反対売買して、取引が終わるまで続く。

どこよりもわかるデリバティブ入門 その3

オプション取引1

●キーワード

オプション／コールオプション／プットオプション

通貨オプションのポイント

- あらかじめ日にちと価格（権利行使価格）を設定しておく
- その日になったら、（相場とは関係なく）設定した価格で売買を行うことができる
- オプション契約を使わずに売買することも可能

オプションとは、簡単にいうと保険（もしくは権利）のようなもの。例えば、1万ドルの外貨で満期まで1年の定期預金を持っているとする。その時点では1ドル＝100円だ。それが1年後に120円になっていれば、相当の利益になるが、逆に80円になってしまえば、損をすることになる。

そこで登場するのがオプション取引だ。1年後に1万ドル分を1ドル＝100円で売るオプション取引をしていたとする。1年後、1ドル＝80円になっていても、オプション契約に基づいて相手方に1ドル＝100円で売ることができる。逆に120円になっていれば、オプション契約を使わずに、市場で1ドル＝120円で売ればいい。こうしたオプションを買うには、保険と同じように保険料※（プレミアム料）を支払う必要がある。

通貨オプションには、**コールオプション**（〝買う〟保険）と**プットオプション**（〝売る〟保険）がある。1ドル100円のドルプットオプションとは、事前に決められた期日に決められた金額のドルを100円で売ることのできる保険ということである。これがコールオプションであれば、100円で買うことのできる保険となる。

※オプション契約をしていたとしても、オプションを使わずに120円で売れた場合、保険料分は儲けが減っていることを忘れてはならない。

日本からアメリカへの
輸出業者は
将来取引先から支払われる
ドルを有利に売るために
ドルプットオプションを
買うことが多いようだ
うう……
為替予約でなく
オプション取引に
しておけば
残念だが
これが現実だ
用心に
越したことはない
ということだな

近年急増しているオプション取引

近年では、投機的にオプションを使う場合が増えている。例えば、3ヵ月後にドル高になりそうだと思ったら、ドルが安いうちにドルコールオプションを買っておくのだ。3ヵ月後に実際にドルが高くなれば、ドルコールオプションを使って安くドルを買い、同時に市場でドルを高く売ることもできる。

こうして、保険料の支払いだけで莫大な利益を得る可能性が広がるわけだ。また、自分の予想と逆になったとしても実際にドルを持っているわけではないから、損となるのは支払った保険料だけで済む。少額のお金で莫大な現物を持ったのと同じだけの損益が出るのがオプション取引なのである。

どこよりもわかるデリバティブ入門 その4
オプション取引2

●キーワード
ドルプットオプション／ワラント

左の図は、1年後に1ドル＝100円で売ることのできるオプションを購入した側と、売却した側の損益図だ。通常の保険契約同様、オプションを購入した側には、いざという時（この場合は円高）にドルを契約価格で売れる権利が生じ、反対にオプションを売った側にはドルを契約価格で買う義務が生じる。

図を見ればわかるように、オプション契約を購入した側のリスクは極めて限定されている。報道等でデリバティブ取引で大損した、などと伝えられるものには、実はデリバティブを売却し、保険料はもらうが多大な義務を負わされ損をしている場合が多い。

そして、3番めの損益図を見てほしい。同じオプションを買った側の損益図であるが、こちらは円高になって困るドルを持っていない（＝ドル預金がない）場合のものだ。これだと、例えば90円の円高時にドルを市場から買い、同時に1ドル＝100円で売れば1ドルにつき10円の利益になるため、円高で儲かる損益図になっている。

このように、少額の運用資金でも、保険料だけに振り向ければ契約規模は莫大になり、為替が思惑通りに動けば、儲けも莫大になるのが、オプション取引だ（もちろん、思惑がはずれれば、時に元本ゼロになることもありうる）。このオプション取引に代表されるように、デリバティブはどのような契約を、どのように用いるかによって、ハイリスクなものも、逆にリスクを限定するための金融商品にもなったりもするのだ。

オプション取引には、株式や金利、原油、金に至るまでいろいろなものがあり、それを定型化したワラントといった商品も出ている。

オプションの損益図

●現物（ドル預金）を持ち、オプションを購入した側の損益図

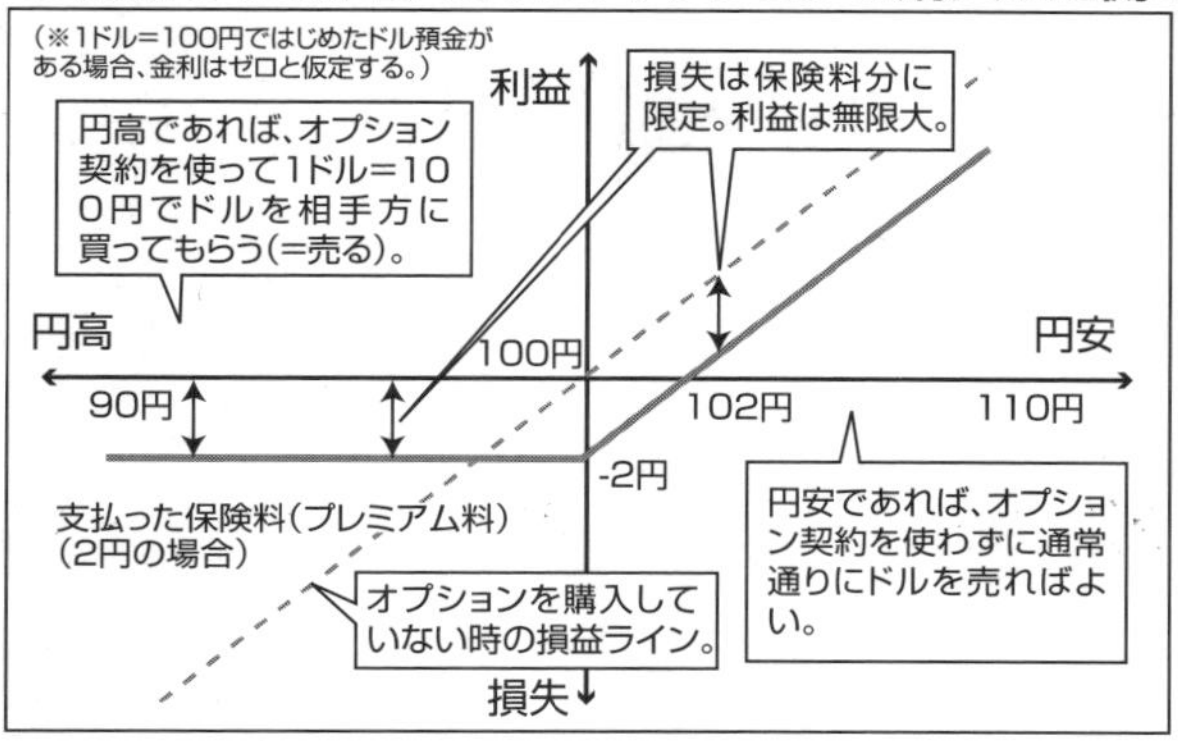
（※1ドル＝100円ではじめたドル預金がある場合、金利はゼロと仮定する。）
利益
損失
円高
円安
90円
100円
102円
110円
-2円
円高であれば、オプション契約を使って1ドル＝100円でドルを相手方に買ってもらう（＝売る）。
損失は保険料分に限定。利益は無限大。
支払った保険料（プレミアム料）（2円の場合）
オプションを購入していない時の損益ライン。
円安であれば、オプション契約を使わずに通常通りにドルを売ればよい。

ドルプット（ドルを売る権利）オプションを契約価格（行使価格）1ドル＝100円で買った場合。
保険料を2円とする。

権利が生じる

●オプションを売却した側の損益図

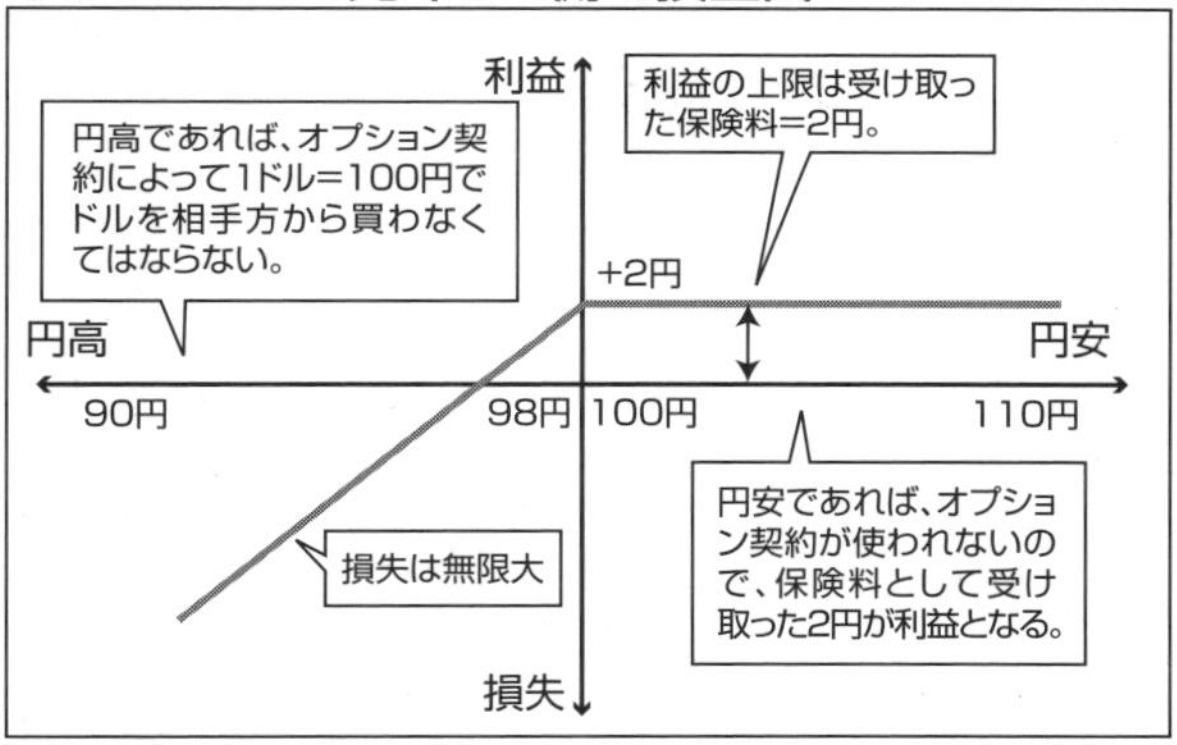
利益
損失
円高
円安
90円
98円
100円
110円
+2円
利益の上限は受け取った保険料＝2円。
円高であれば、オプション契約によって1ドル＝100円でドルを相手方から買わなくてはならない。
損失は無限大
円安であれば、オプション契約が使われないので、保険料として受け取った2円が利益となる。

ドルプット（ドルを売る権利）オプションを契約価格（行使価格）1ドル＝100円で買った場合。
保険料を2円とする。

義務が生じる

●現物（ドル預金）を持たずにオプションを購入した側の損益図

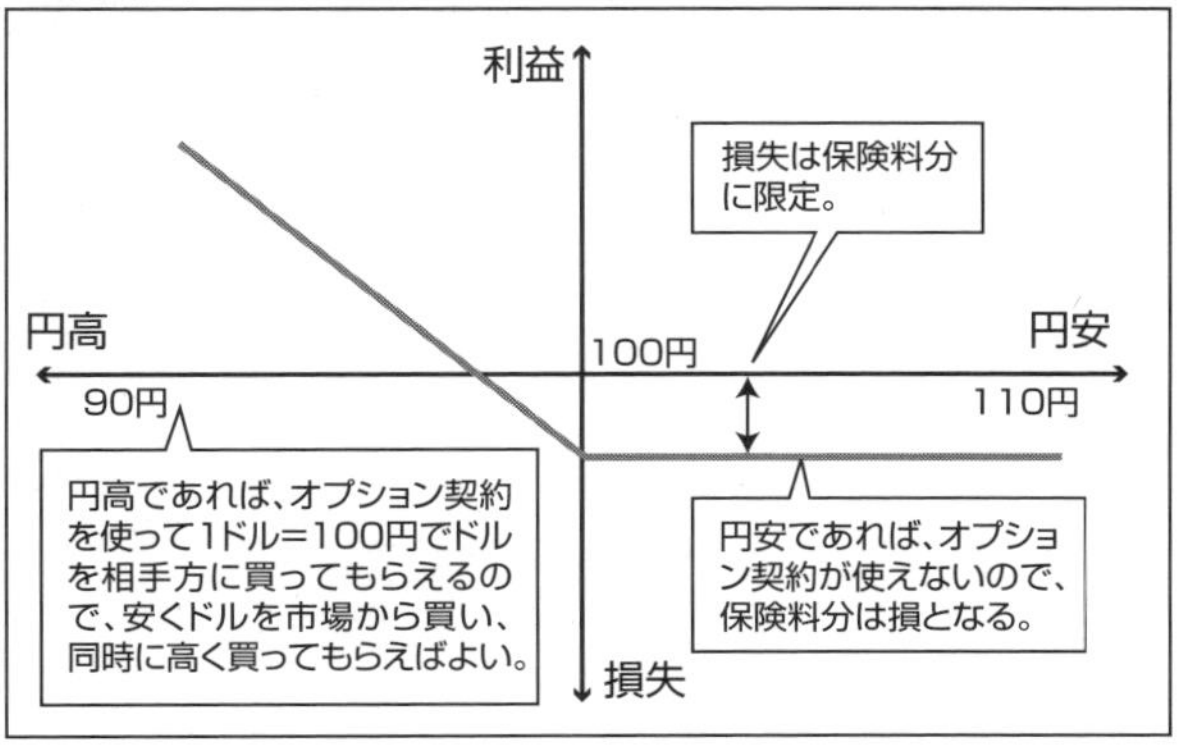
利益
損失
円高
円安
90円
100円
110円
損失は保険料分に限定。
円高であれば、オプション契約を使って1ドル＝100円でドルを相手方に買ってもらえるので、安くドルを市場から買い、同時に高く買ってもらえばよい。
円安であれば、オプション契約が使えないので、保険料分は損となる。

ドルプット（ドルを売る権利）オプションを契約価格（行使価格）1ドル＝100円で買った場合。
保険料を2円とする。

権利が生じる

FX取引入門❶

大ブームのFX取引を一言でいうと?

●キーワード

FX取引／証拠金

証拠金のしくみ

証拠金を支払うことによって、FX取引が認められる。
これが外貨預金とFX取引の大きな違いだ。

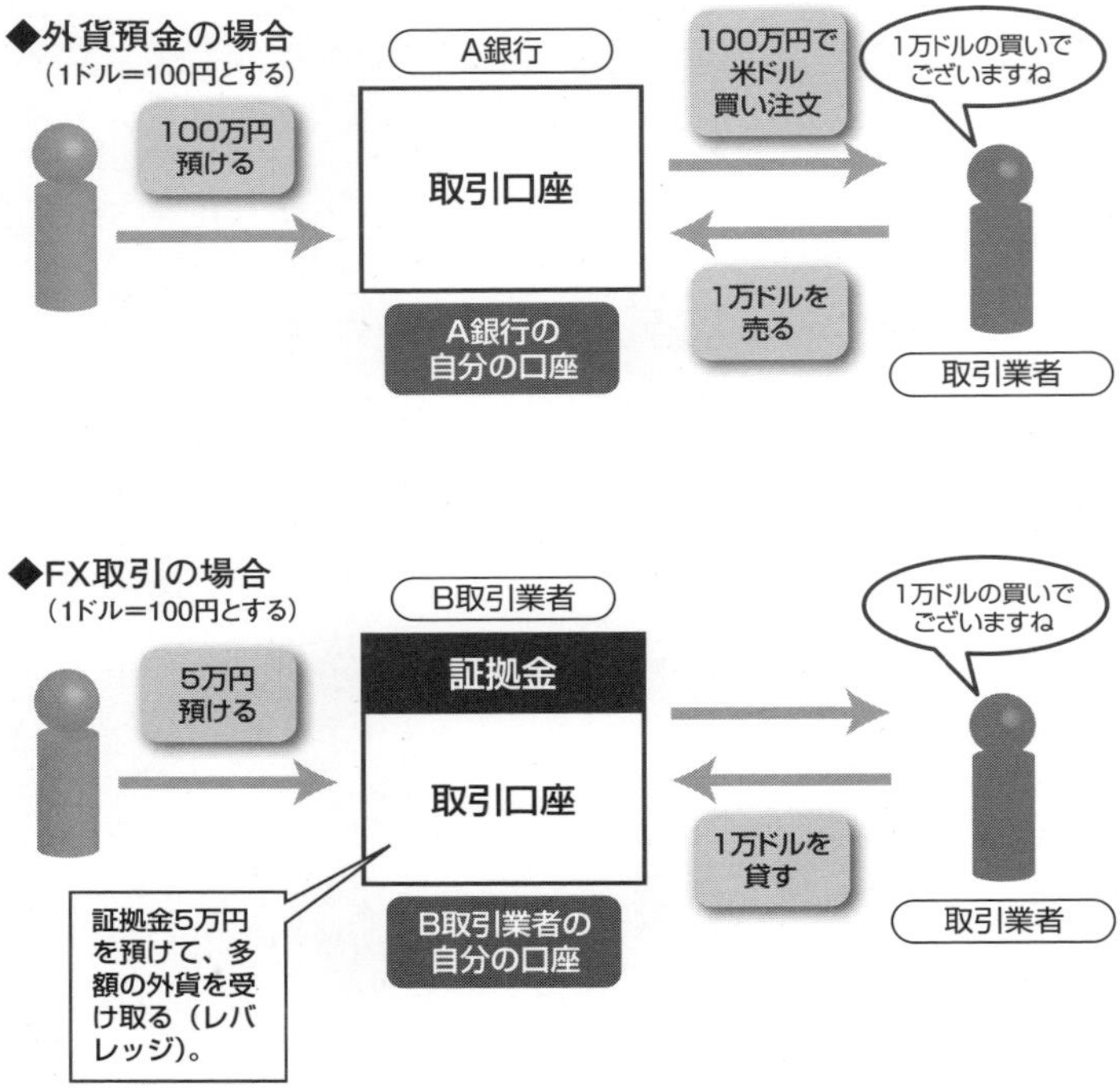
◆外貨預金の場合
（1ドル=100円とする）
100万円
預ける
A銀行
取引口座
A銀行の
自分の口座
100万円で
米ドル
買い注文
1万ドルを
売る
1万ドルの買いで
ございますね
取引業者
◆FX取引の場合
（1ドル=100円とする）
5万円
預ける
B取引業者
証拠金
取引口座
証拠金5万円
を預けて、多
額の外貨を受
け取る（レバ
レッジ）。
B取引業者の
自分の口座
1万ドルを
貸す
1万ドルの買いで
ございますね
取引業者

ＦＸ取引と呼ばれる**外国為替証拠金**（保証金ともいう）**取引**をする人が増えている。インターネットの普及で誰もが24時間最新の市況を知ることができ、取引の処理能力が格段に高くなったことで人気を集めた。気軽にできるが本質的には銀行の外国為替ディーリングルームで巨大な金額を取引するのと同じことだ。それだけのリスクがあることを理解しておこう。

通常、１ドル＝１００円の時に、１万ドルの外貨預金をするためには、１万ドル×１００円＝１００万円が必要だ。そして、相場が変化して１ドル＝１０５円になれば、１万ドルは１０５万円となり、５万円の利益が生じることになる。つまり、５万円の利益を得るのに、まずは取引をするための１００万円が必要となるのだ。

　この１００万円を業者から貸してもらい、外国為替取引を行うのがＦＸ取引である。いわば、相場の変化のうわずみ部分だけを取り出して取引するようなものなのだ。借りた１万ドルで取引をして、相場が１００円から１０５円になれば５万円の利益となる。逆に、１ドル＝95円になれば、１万ドルは95万円となるので５万円の損失となるわけだ。このような損をした時に確実にその分を払ってもらえるようにと、ＦＸ取引では、事前に業者へ証拠金を預けて取引をする。

　１ドル＝１００円が１０５円になった時、１万ドル分の取引をしていれば５万円の利益だが、２万ドル分の取引をしていれば10万円の利益になる。10万ドル分なら50万円だ。自分で確固たる相場観があり、これからドル高円安になると確信が持てるのなら、できるだけ多くの取引をしたいと思うものだ。

　では、一般の個人が、例えば５００万円分、１０００万円分の取引をすることができるのだろうか？　このＦＸ取引ではそれも可能なのである。そこで出てくるのがレバレッジというしくみだ。次項で説明しよう。

外貨預金は自分の持ち金を海外の銀行に預けるんだがＦＸ取引は取引会社からお金を借りて海外の銀行にお金を預けるんだ
どちらも目的は海外の金利と売却時の差額なんだが
預金が大きければ大きいほどそれらは大きな額になる

少ない資金で大きなお金を動かすことができるFXだが、大きなお金が動けば、その分リスクも高くなる。

FX取引入門❷ 世界経済を一変させるレバレッジとは?

●キーワード
レバレッジ

レバレッジを使えば実際に持っている資金よりも大きな額で取引を行える
借金をすることで何倍もの収益を狙えるシステムなんだ

「これから間違いなく円安になる」。そう確信し、手元に100万円あれば、1ドル＝100円で1万ドルの取引ができる。その時、もし10万ドルが手元にあり、予想通りの円安になれば利益は10倍になる。また、多額の運用であれば、大幅な円安にならなくても、わずかな変動でも十分な利益を生むことができるのだ。例えば、20銭円安になっただけでも、1000万ドルの取引を行えば、1000万ドル×0・2円で20万円の利益を生み出すことができる。

　これを可能にしたのがFX取引だ。そしてFX業者の多くは、まず顧客から、証拠金（保証金）を預かる。多くの場合、預けた証拠金の何倍まで取引ができるか決まっている、もしくは決められる。これを**レバレッジ**（leverage）という。レバレッジとは、〝てこ〟などのレバーが語源で、てこのレバーを使えば、時には10倍の重さのものを動かすことができる、という意味だ。

　FX取引において10倍のレバレッジ効果とは、預けた金額の10倍の資金を動かせることを意味する。預けた証拠金が100万円でその10倍の1000万円分の取引ができる時〝10倍のレバレッジ〟といい、500万円なら〝5倍のレバレッジ〟という。

レバレッジとは?

資産100万円でも、レバレッジを使えば1000万円分のドルを買うことができる。

証拠金	購入額	レバレッジ
100万円	1万ドル(=100万円)	1倍
100万円	2万ドル(=200万円)	2倍
100万円	5万ドル(=500万円)	5倍
100万円	10万ドル(=1000万円)	10倍

※1ドル=100円とした場合

業者によっては50倍や100倍のレバレッジを認める場合もある自分の思惑通りに行く場合には50倍や100倍の利益になるわけだが
逆に予想と反対に動けば50倍や100倍の損となることも忘れてはならない

FX取引入門③ マージンコールとロスカット

●キーワード
証拠金／マージンコール／ストップロス取引

マージンコールとロスカット

◆証拠金100万円で50万ドル(レバレッジ50倍)の取引をした場合

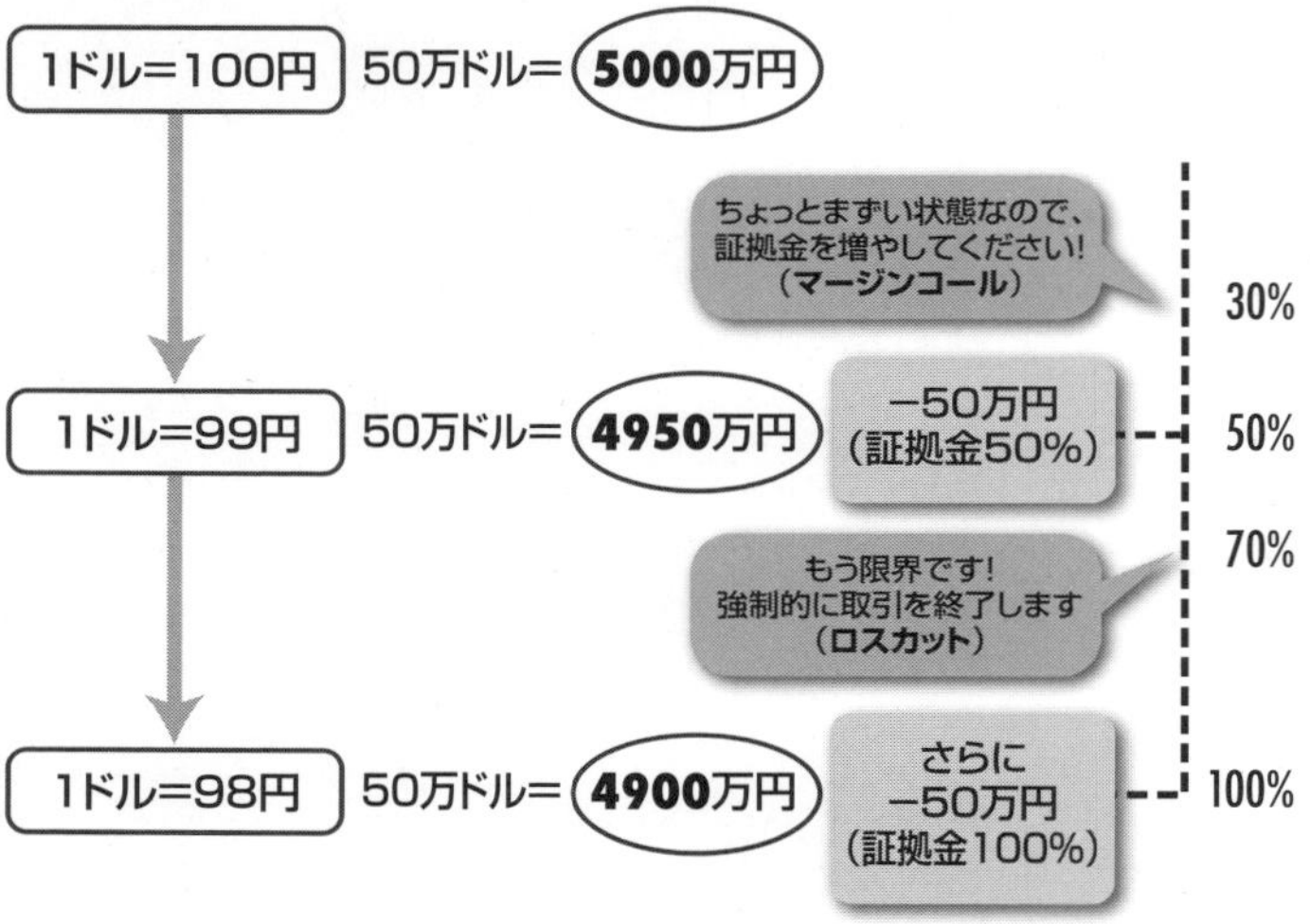
1ドル=100円
50万ドル=5000万円
ちょっとまずい状態なので、
証拠金を増やしてください!
(マージンコール)
30%
1ドル=99円
50万ドル=4950万円
−50万円
(証拠金50%)
50%
70%
もう限界です!
強制的に取引を終了します
(ロスカット)
1ドル=98円
50万ドル=4900万円
さらに
−50万円
(証拠金100%)
100%

ついにロスカットされてしまった……

外国為替相場では、行ったり来たりしながら相場が変化していくことも少なくない。外貨預金であれば少しの値動きは無視できるが、FX取引ではそうはいかない。

例えば、100万円の**証拠金**を預けて50倍のレバレッジを使い、1ドル＝100円の時に50万ドルの取引をしたとしよう。これは5000万円のお金を動かしているのと同じことだ。

ある日の相場で考えてみよう。その日は値動きが荒く、100円から98円になり、102円で終了した。1日全体で見れば、100円で始まり102円で終わったのだから円安が進んだことになるが、一時的にせよ98円の時点では、50万ドル×2円＝100万円の損となっているわけだ。業者にとってみると、98円の時点で預かった証拠金の価値はゼロになってしまったのと同じことなのだ。

取引をして、予想と逆方向に相場が動き、含み損（その時点での相場で抱えている損失）が発生している時、同時に預けた証拠金の価値が減っているのである。

預けた証拠金の30%分や50%分といった（事前に決められた割合の）損失を一時的にも出している時、業者から**マージンコール**という連絡が入ることがある。

これは、預けた証拠金の価値が減ったから、取引を続けたかったらもっと証拠金を積み増ししてください、という連絡だ。証拠金を積み増しせず、さらに損失方向に動いた場合、事前に決められた時点で取引は反対売買され、強制的に清算され終了してしまう。これを**ストップロス取引**、または**ロスカット取引**という。

その日の終値は円安でも一時的にせよ円高が進行してしまうと強制終了させられてしまうこともある
同時に証拠金の価値も減っていることを忘れないようにしよう

知っておきたいポイント

高いレバレッジには注意が必要

どれだけ損をしているかをリアルタイムで刻々と計算してくれる業者もあるが、1日1回としている業者もある。

相場が急変すればマージンコールの連絡もなくストップロス取引で清算されてしまうこともあるのだ。そうなると、預けた証拠金の大半が返って来なかったり、時には預けた証拠金以上の損失を出し、取引は終了の上に、さらに損失金額を請求されることもある。

50倍などという高いレバレッジ効果の時にはこのようなことが起こりうる可能性が少なくないので十分な注意が必要だ。

FX取引入門④ デイトレーダーが気にしている スプレッドとは？

●キーワード
デイトレーダー／スプレッド／手数料

ＦＸ取引では自分が寝ている間にストップロス取引がかかって大損を出してしまう可能性もある。

これを回避するため、毎日必ず反対売買をして、取引を翌日に持ち越さないようにする人も少なくない。そのような取引を**デイトレード**といい、デイトレードをしている人を**デイトレーダー**という。

デイトレーダーは、多額の金額を少しの相場の変化で売買し、利益を確定させて行くことで利益を得ている。こうした取引を行う際に注意したいのが、**スプレッド**（価格差）と**手数料**だ。

スプレッドとは、その時点での売りレートと買いレートの価格差をいう。例えば、業者は顧客から外貨を買う時の**ビッドレート**（Ｂ·ｉｄ＝買い値。ＴＴＢに相当）、と顧客に外貨を売る時の**アスクレート**（Ａｓｋ＝売り値。ＴＴＳに相当）をつねに出している。１ドル＝１００円20銭／30銭といった具合だ。その設定の時に業者からドルを買う時は1ドル＝１００円30銭、ドルを売る時は１００円20銭となる。この時のスプレッドは10銭となる。

取引の手数料は、1ドルにつきいくらというところから、1回いくら、1日いくらというところまでさまざまだ。自分の取引手法に基づいて業者を選択したい。

手数料は
1日何度売買しても
5000円とか
1ドルにつき何銭
といったところまで
さまざまなのだ

手数料が安くてもスプレッドが高かったらあまりいい会社とはいえないな……というか危険なにおいがする
両者のバランスを考えて安定した利益を望めそうな業者を選ぼう

売買に生じるスプレッド（価格差）

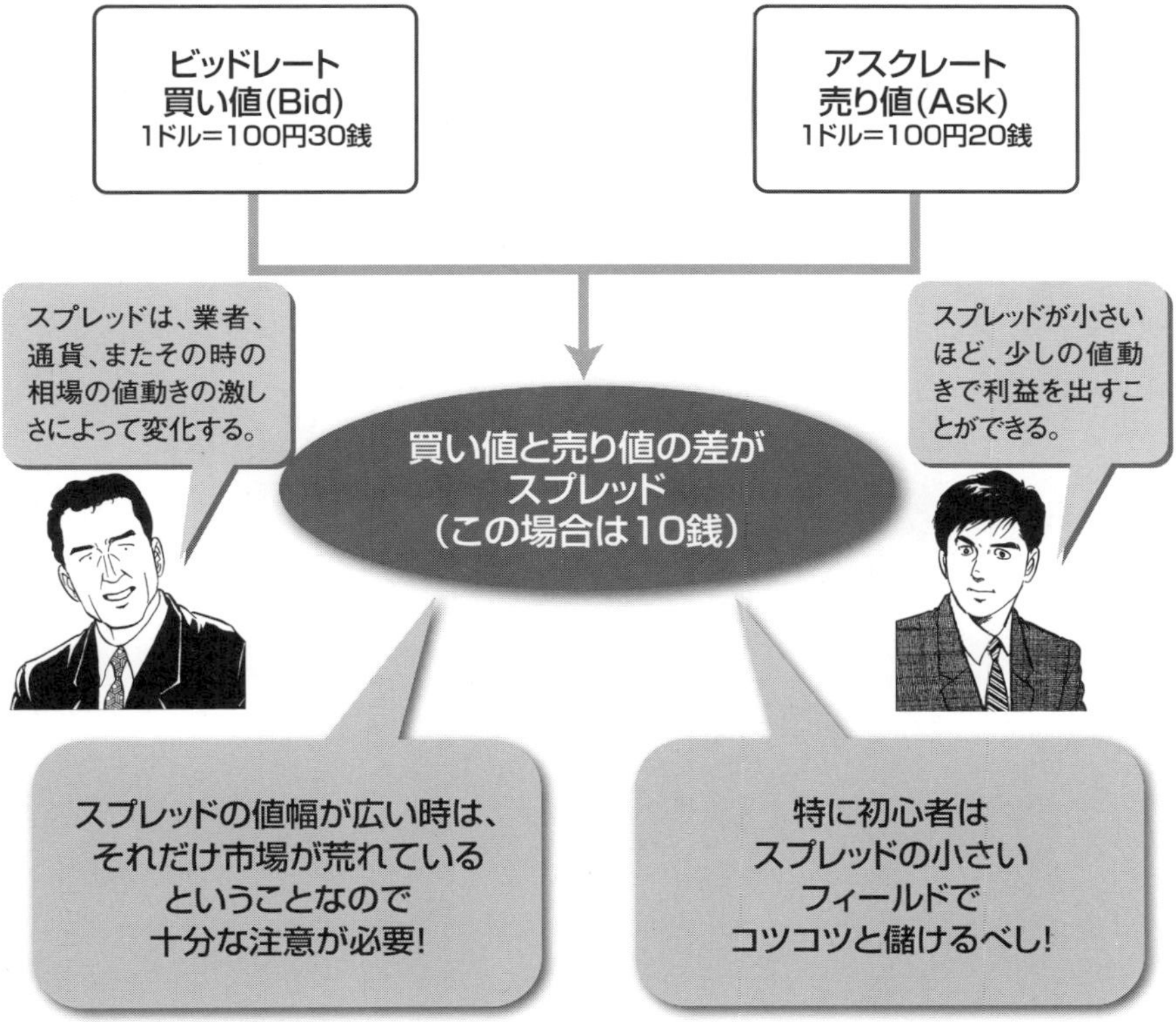
ビッドレート
買い値(Bid)
1ドル=100円30銭
アスクレート
売り値(Ask)
1ドル=100円20銭
スプレッドは、業者、通貨、またその時の相場の値動きの激しさによって変化する。
買い値と売り値の差がスプレッド（この場合は10銭）
スプレッドが小さいほど、少しの値動きで利益を出すことができる。
スプレッドの値幅が広い時は、それだけ市場が荒れているということなので十分な注意が必要!
特に初心者はスプレッドの小さいフィールドでコツコツと儲けるべし!

FX取引入門⑤ デイトレーダーが気にしている スワップポイントとは？

●キーワード
スワップポイント

ＦＸ取引には**スワップポイント**の魅力があるという人がいる。デリバティブ入門のスワップ取引（P76参照）のところで簡単に説明したが、スワップポイントとは、通貨の金利差からくる日々の利息のようなものである。例えば、金利の低い通貨を売って金利の高い通貨を買うという取引をした場合を考えてみよう。取引をする人は、ゼロ金利に近い円を業者から借りているのと同じだ。これに対しては利息を払わなくてはならない。

しかし、一方で本来手にしていい、金利の高い外貨を業者に貸してあげている（≒預金）のだ。その分の金利は受け取る権利がある。つまり、高い金利の通貨を買い、低い金利の通貨を売る取引をしている場合、その金利差を日々受け取れることになるのだ。この金利差がスワップポイントだ。

金額の多少によって、もらえるポイントも変わってくるが、円などと比べて金利差の多い豪州ドル、ＮＺドル、南アフリカランドなどと取引をする人の中には、このスワップポイントを受け取ることを大きな目的としてＦＸ取引をする人も少なくない。しかし、これらの通貨は値動きが荒くなることもあり、スワップポイント分で得た利益など一瞬のうちに吹き飛んでしまう危険性もある。

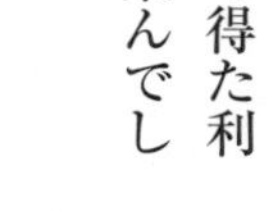

知っておきたいポイント　FXは完全な自己責任で！

近年ではFX取引の業者が経営破綻することも珍しくない。財務は健全だと宣伝していたからすっかり信用したと思っても、不正取引で業務停止になったりする業者もあり、FX取引をする人は、業者選びを慎重に行ったほうがよいだろう。また、FX取引によって損失や被害を受けても、救済される道はほぼないといえる。完全な自己責任となることを念頭においておこう。

ちなみに、FX取引にかかる税金についてだが、取引で得た収益は雑所得として扱われる。雑所得は年間20万円までは無税で申告の義務もない。覚えておこう。

スワップポイントのしくみ

◆5万円の証拠金で100万円分のドルを購入する場合（1ドル＝100円）

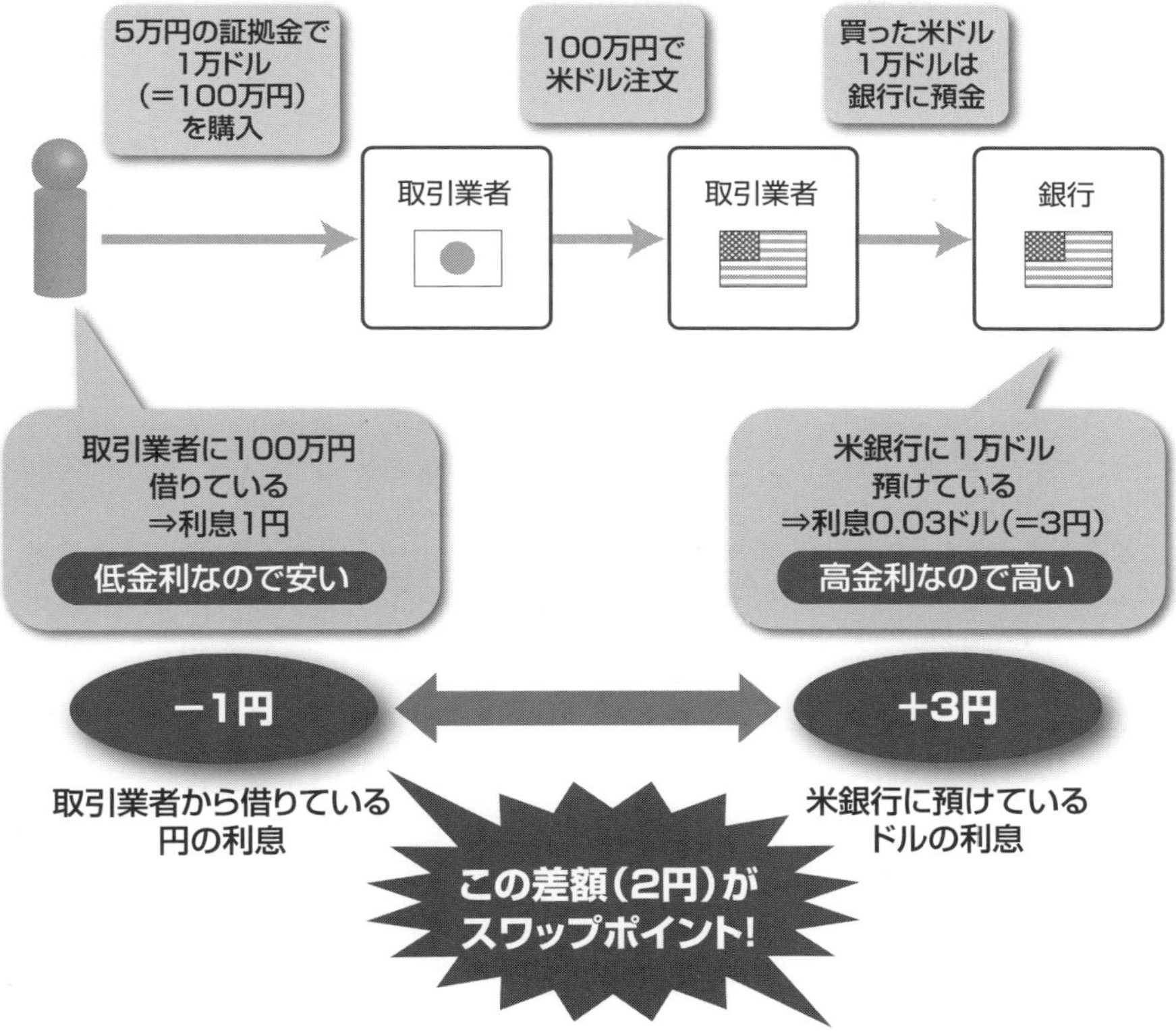
5万円の証拠金で
1万ドル
（＝100万円）
を購入
100万円で
米ドル注文
買った米ドル
1万ドルは
銀行に預金
取引業者
取引業者
銀行
取引業者に100万円
借りている
⇒利息1円
低金利なので安い
米銀行に1万ドル
預けている
⇒利息0.03ドル（＝3円）
高金利なので高い
－1円
＋3円
取引業者から借りている
円の利息
米銀行に預けている
ドルの利息
この差額（2円）が
スワップポイント！

※わかりやすく説明するために金利を設定しているが、金利は実際のものとは違う。スワップポイントがないこともある。

「スワップポイント＝利回り」とは限らない
損する可能性だって十分にあるんだ

高利回りで注目を集める外国債券のいろいろ

●キーワード
サムライ債／発行体リスク

ＦＸだろうと
債券だろうと
お金の流れを
理解すればうまく
利用できるように
なるはずだ

債券の取引には、各国の長期短期の国債に投資するもの、社債やデュアルカレンシー債に投資するものなどいろいろある。最近では**サムライ債**というものが話題を呼んでいる。これは、円建て債券なので外国為替相場の変動を受けずに外国に投資できるものだ。

外国の政府や会社などが円でお金を調達する債券で、元本は円、利息も円で計算される。日本国内で行う円の定期預金よりも利息が良いことが多いので人気を集めた。ただし、これらには**発行体リスク**というものがあることを忘れてはならない。

例えば、アイスランドの大手銀行が発行したサムライ債が、２００８年の金融危機で債務不履行となったことを覚えているだろうか。債券を発行している国や会社の支払い能力に問題がある場合、このようなことが起きることを考えなくてはならないのだ。これを発行体リスクという。

これから成長が期待される中国やインド、ブラジル、ロシアなどの新興国に投資をしたいという人も少なくないようだが、これらの国に投資をしようと思っても、何に投資をすればいいのか迷う人も多いだろう。投資信託の中には、投資する地域や国を決めて運用しているものもある。

外国債券の種類

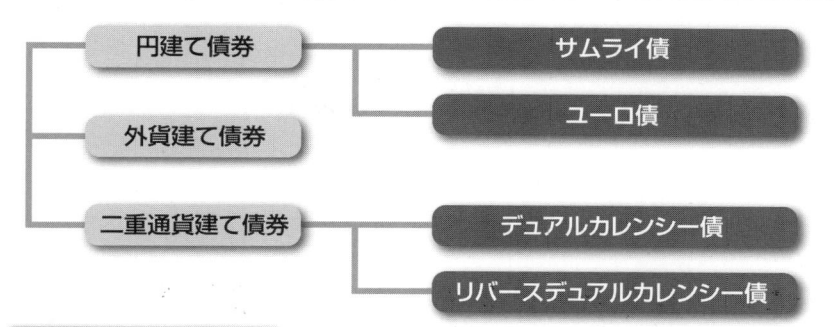

- 円建て債券
  - サムライ債
  - ユーロ債
- 外貨建て債券
- 二重通貨建て債券
  - デュアルカレンシー債
  - リバースデュアルカレンシー債

サムライ債

外国の発行体(国際機関・外国の政府・企業)が、日本国内で発行する債券。現在日本は海外に比べて低金利のため、発行体にとっては日本で資金調達するほうがコストを低く抑えられる。

ユーロ債

日本や外国の発行体が、日本以外の市場で発行する債券。例えば日本円の為替相場が安定していて、自国通貨や投資対象の国の通貨より取引単位として使うのに便利であれば、発行体・投資家の両者にとって、他国通貨である「円建て」で債券が発行されることもある。

デュアルカレンシー債

払い込み金と利払いが日本円で、償還金が日本円以外の通貨といった多通貨が絡む債券。為替相場の変動範囲によって、債券価格や償還金の通貨について特約条件のついたもの等もあるので、発行時の特約内容をよく確認する必要がある。

リバースデュアルカレンシー債

払い込み金と償還金が日本円で、利払いが日本円以外の通貨になる債券。利払いの際、為替リスクが発生することも。

円で購入するので外国為替変動のリスクを受けないように思われるが実際は株式投資であればその国や地域の株式投資の値動きと外国為替の値動きの両方に影響されるのだ
これらはカントリーファンドといって株式市場に上場されているものもある

Column

チャートで利益を出せる時、出せない時

相場環境が著しく変化すると、チャートの威力は大きく下がる

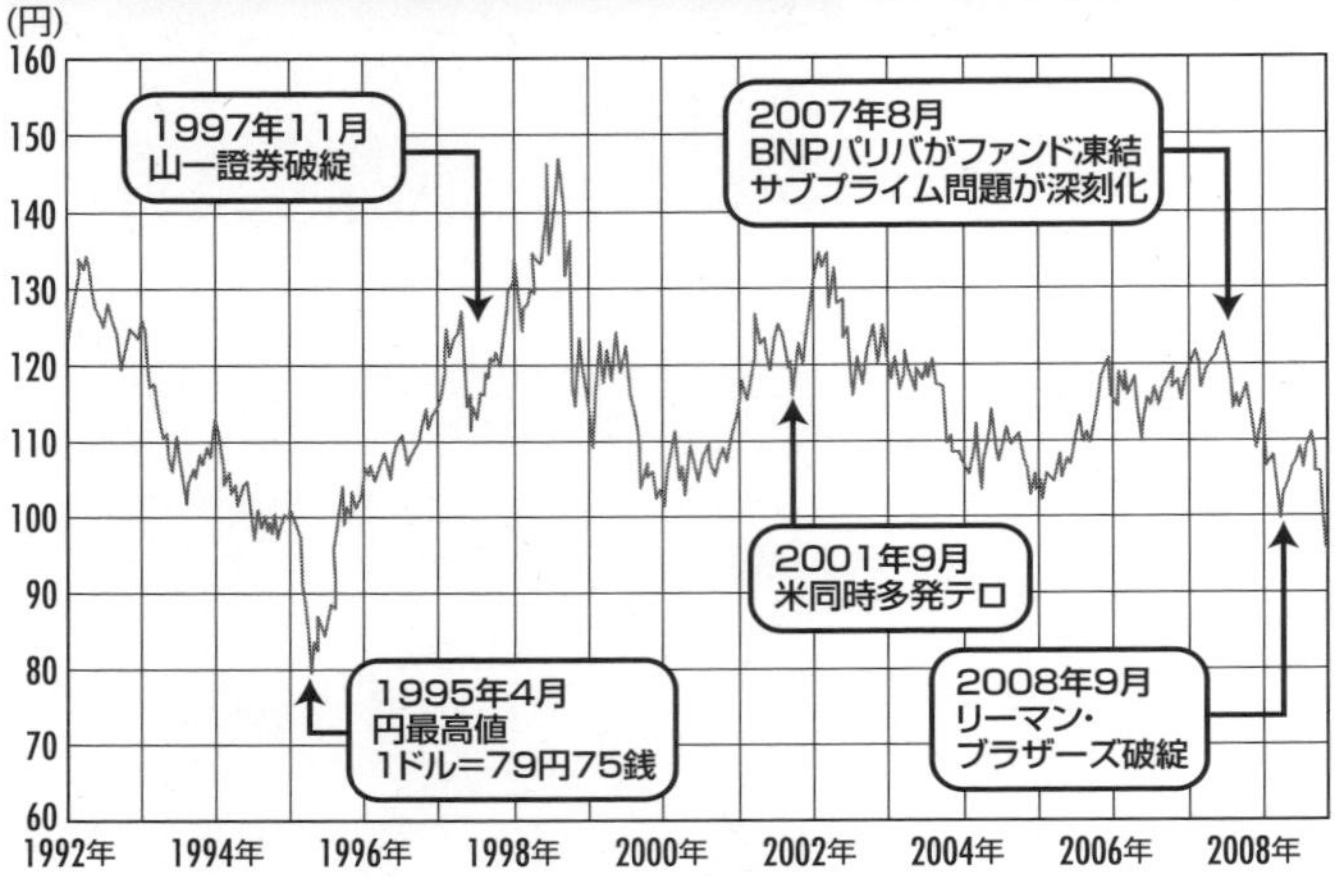

(円)
160
150
140
130
120
110
100
90
80
70
60
1992年
1994年
1996年
1998年
2000年
2002年
2004年
2006年
2008年
1997年11月
山一證券破綻
2007年8月
BNPパリバがファンド凍結
サブプライム問題が深刻化
2001年9月
米同時多発テロ
1995年4月
円最高値
1ドル=79円75銭
2008年9月
リーマン・
ブラザーズ破綻

ＦＸ取引などが盛んになり、チャートを用いる人が増えてきた。投資家たちはローソク足や21日移動平均線などを調べ上げ、売買の材料とする。しかし、チャートは売買判断に本当に有効なのであろうか？

これは、役に立つ時と役に立たない時の両方がある。なぜなら市場参加者は、チャートに頼って売買する時と、チャートを無視して売買する時があるからだ。

果たしてチャートの下値抵抗線を割る瞬間は、間違いなく売りのサインなのだろうか？　株をやる方なら覚えがあると思うが、現実にはそうとも限らないことが多い。売られ過ぎの時は大量の買いが入ってきて、すぐにチャート内に収まる場合があるが、逆に売る人が追随《ついずい》し、大きく下げる時もある。

チャートはあくまでも過去の値動きのデータであり、将来の値動きを保証するものではないことを肝に銘じてもらいたい。

そういう意味合いから考えると、チャートに基づいての取引

思い出してください
同時多発テロや
リーマン・ブラザーズの破綻の時
チャートは
まったく参考に
ならなかったでしょう?

は非常に危ういものといえるだろう。

しかし、一方ではチャートを使い、利益を上げている人も多くいる。特にデイトレーディングなど短期間で細かく利益を出す取引手法の参加者にとって、チャートは非常に有効なツールになる。

チャートが売買判断に有効なのは、マーケットが平穏で、多くの市場参加者にとって売買の大きな材料もなく、チャートが売買の重要な材料であると判断している時だ。抵抗線がくれば売買を躊躇《ちゅうちょ》し、そこがひとつの壁にもなる。

ヘッジファンドの大規模な売買や、債券、株式の暴落、当局の金融政策が転換した時など、経済環境が大きく変化すると、チャートの威力は大きく下がる。数々のチャートポイントも、ゴールデンクロスやデッドクロスも、何の意味も持たなくなる。デイトレーディングでコツコツと積み上げてきた利益は、一瞬で吹き飛んでしまうのだ。

チャートを用いて売買する人は、市場参加者がチャートを見ている時か、無視している時なのかを判断することが重要だ。

第4章

為替相場を大きく動かしたもの

世界経済を揺るがした過去の大不況には、必ず予兆があった。
為替の歴史を知っておけば、次の大変化の波を予測できるようになる。
第４章では、外国為替の歴史と世界通貨の関係をひもといていこう。

あなたの為替相場の歴史理解度をチェック！

1971年に金本位制が停止されたが
これを何ショックという？

1985年にアメリカが貿易赤字を
是正するためにとった
ドル安対策とは？

1992年、ヘッジファンドの戦略に
よってある通貨危機が起こったが
これを何という？

1995年、為替相場は過去最高の
円高を記録したが、
この時の額は１ドル何円？

1997年、アジア各国へ広がった
急激な通貨下落による金融危機、
発祥になった国はどこ？

さて何問
答えられたかな？

答えは
次のページを参照

為替をとりまくさまざまな要因

1970〜1999年の為替をとりまく主な出来事

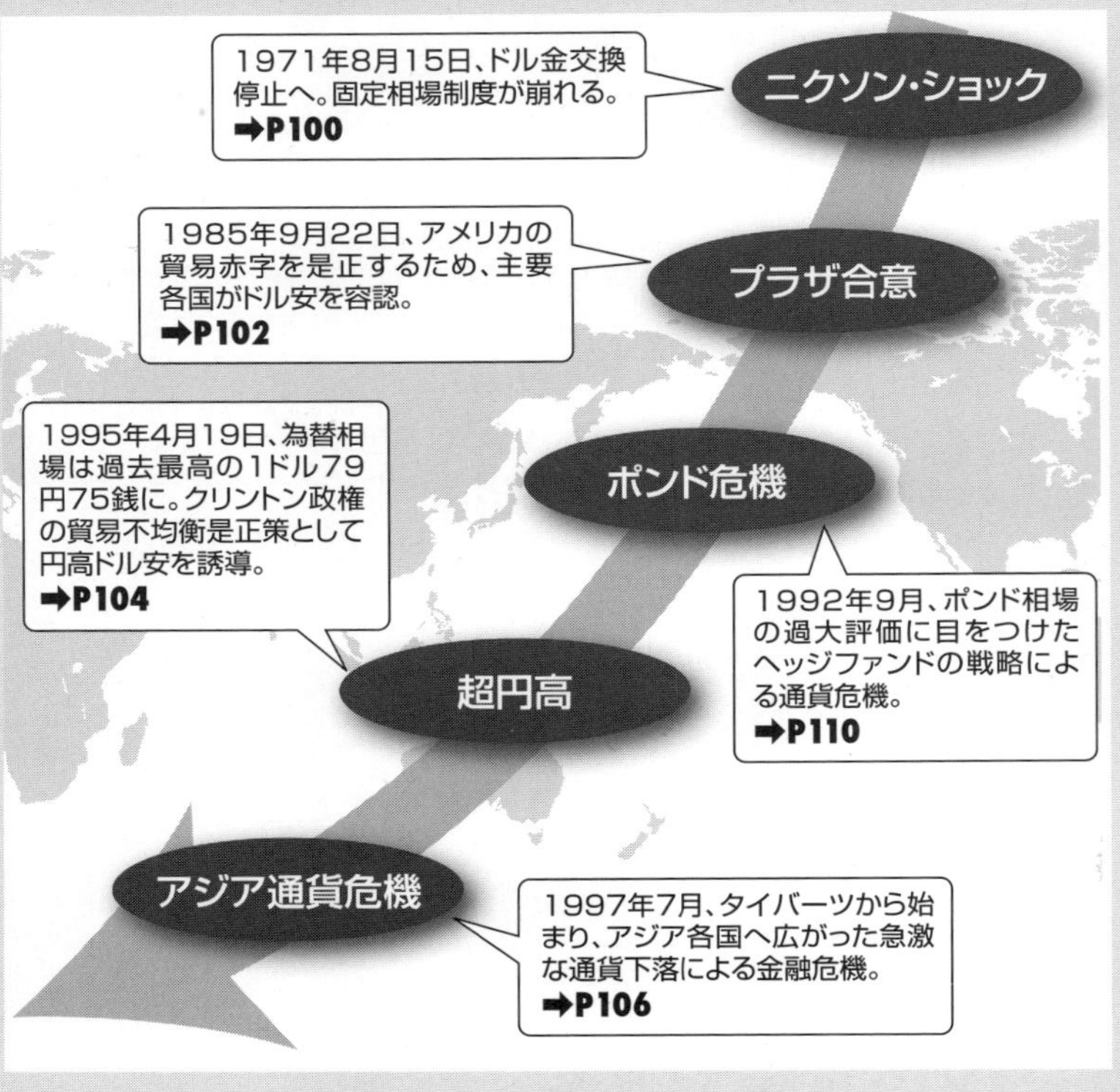
ニクソン・ショック
1971年8月15日、ドル金交換停止へ。固定相場制度が崩れる。
➡P100
プラザ合意
1985年9月22日、アメリカの貿易赤字を是正するため、主要各国がドル安を容認。
➡P102
ポンド危機
1995年4月19日、為替相場は過去最高の1ドル79円75銭に。クリントン政権の貿易不均衡是正策として円高ドル安を誘導。
➡P104
1992年9月、ポンド相場の過大評価に目をつけたヘッジファンドの戦略による通貨危機。
➡P110
超円高
アジア通貨危機
1997年7月、タイバーツから始まり、アジア各国へ広がった急激な通貨下落による金融危機。
➡P106

「お金」は、経済の強い国に集まる。相対的に経済の弱い国から、経済の強くなっていきそうな国へと流れていくのだ。お金が流れていくと、その国の通貨は高くなる。例えば、アメリカにお金が流れればドル高、日本に流れれば円高となる。つまり、「経済力が強くなること＝その国のお金の価値が上がること」だといえるのだ。世界の国の経済力を考えることは、為替動向を探る上でとても重要なのである。

一般に、経済の力は、GDP（国内総生産、P52参照）で表される。これは、一定期間内に自国内で生み出された付加価値の総額のことだ。

このGDPが相対的に増える（＝経済が強くなる）背景として、考えられ

経済力が強くなればその国のお金の価値が上がる
為替動向を探るにあたり国の経済力を考えることはとても重要なんだ

知っておきたいポイント 為替が大きく動く時

例えば、1980年代後半からしばらくの間は、日米間の貿易摩擦が為替相場を動かすテーマとなった。アメリカ商務省が発表する貿易赤字の数字によって、ドルが売られたり買われたりしたのだ。

このように、日々の相場に加え、相場の転換点となった極めて重要な出来事が過去にいくつかあった。ニクソン・ショック、オイルショック、プラザ合意、アジア金融危機とヘッジファンド、ユーロの登場とアメリカ一国主義の終わり、原油や貴金属、穀物などの商品相場の高騰などである。これらの出来事は、世界の国々の経済の強さを塗り替える大きなインパクトとなったのだ。

る要因は2種類ある。ひとつは、自国の経済が他国よりも強くなりそうな時、もうひとつは、他国の経済が自国よりも弱くなりそうな時だ。経済が強くなるということは、①税金が安く規制が緩く経済活動がしやすい、②金利が低くお金が調達しやすい、③電力、港湾、道路、交通整備など生産基盤がしっかりしている、④高い教育レベルで倫理観溢れる勤勉な労働力がある、そして⑤きちんとした法整備がされ、政治の基盤がしっかりし、民主的で平和と安定が約束されていること、これらのことがより改善されていくことだといえる。

しかし、実際の日々の為替相場では、その時々で、相場を動かすテーマは絞られてくるものだ。この第4章では、1971年から2008年までに起きた出来事を振りかえってみよう。

ドル円相場は1971年のドル・ショックから始まった

●キーワード

ドル金本位制／ドル・ショック（ニクソン・ショック）

為替の変動による外貨両替への影響

固定相場制度から変動相場制度へと移行した流れ

1944年　ブレトン・ウッズ体制（IMF体制）

ドル金本位制とし、固定相場制度が開始された。1949年から日本円は1ドル=360円。

1944年、米国のブレトン・ウッズで開かれた連合国44カ国による通貨金融会議で、ドル金本位制が結ばれた。通貨の安定を図るため、IMF（国際通貨基金）と国際復興開発銀行（世界銀行）の設立が決められた。

▼

1960年　ベトナム戦争（1960年〜1975年）

対外的な軍事力増強など、大量の支出を行った結果、アメリカは大幅な財政赤字を抱えることとなった。その結果、国際収支が悪化して、ドルが暴落したのだ。

▼

1971年8月　ニクソン・ショック

ドル金交換停止へ。ブレトン・ウッズ体制は崩壊。世界の通貨は徐々に変動相場制度へ移行していく。

1971年8月15日、ニクソン大統領がドル金交換停止を発表。

▼

1971年12月　スミソニアン協定

ドルへの信頼は回復せず、主要各国は固定相場制を放棄していく。

ブレトン・ウッズ体制崩壊により、ドルの切り下げと、各国通貨の為替変動幅の調整を決めた。

▼

1973年　主要各国、変動相場制度へ完全移行

ドル暴落は止まらず、主要各国は変動相場制度へ完全移行、スミソニアン協定は崩壊へ。

20世紀には2度の世界大戦があり多くの人命と経済に甚大な被害を与えた
世界各国は経済の安定と発展が平和の礎に必要だということを痛感しそのためには安定した通貨が必要だと考えたんだ

1971年に
アメリカの
ニクソン大統領は
ドルと金の交換停止を
発表した
これが引き金となり
世界の主要通貨は
ドルとの固定相場制度を
放棄していくことに
なったんだ

1944年7月、アメリカでブレトン・ウッズ会議が開かれ、ドルを金《きん》とならぶ国際通貨とした通貨制度（**ドル金本位制**）の協定が結ばれた。これにより、ドルは単なる紙切れの紙幣ではなく、35ドルで金1オンス（約31・1グラム）と交換できるという、実物の後ろ盾ができたのだ。

戦後は、このアメリカの経済を中心に世界経済体制はスタートし、外国為替市場はドルを中心とした固定相場制度となった。1949年、日本円も1ドル＝360円の固定相場に決まり、1971年まで22年間維持された。しかし、1970年代の初めになると、アメリカはもはやこの制度を維持するだけの圧倒的な経済力を持たなくなっていた。

そこで1971年8月15日、当時のアメリカのリチャード・ニクソン大統領は、ドルと金の交換停止を発表した。これにより、もはやドルは金の後ろ盾を持たない紙幣となったのだ。これを**ドル・ショック**、または**ニクソン・ショック**という。さらに1971年12月、ワシントンのスミソニアン博物館で各国の蔵相が集まって会議が開かれ、ドルと金との固定交換レートの引き上げ、およびドルと各国通貨との交換レートの改定がなされた（スミソニアン協定）。

この会議で日本円は1ドル＝360円から308円と、大幅な切り上げを行った。しかし、アメリカ経済を立て直す根本的な解決にはならず、同時に第一次オイルショックも起こり、世界の主要通貨はドルとの固定相場制度を放棄していった。

1973年2月には日本円が、また欧州通貨も3月には、今のような刻々と為替レートが変化する変動相場制度に移行したのである。

1985年 プラザ合意とバブル経済

●キーワード
双子の赤字／プラザ合意／バブル経済

1980年代初め、アメリカ経済はインフレ[※1]と高い失業率[※2]に悩まされていた。そこで当時のレーガン政権は、アメリカ経済の景気刺激策として、軍事費の大幅増、大規模な減税を行い、同時に、金利[※3]の引き上げなどのインフレ抑制策を行った。しかし、これらの政策を掲げたことで、異様に高い米国金利を求めて世界中の資金が流れ込み、その結果ドル高[※4]を招くこととなった。高金利とドル高により輸入品価格を低下させたことで、米国内のインフレは収束へと向かうこととなったのだが、財政赤字と貿易赤字という「**双子の赤字**」を生む要因にもなったのだ。

一方日本では、ドル高による輸出と高度経済成長の恩恵に預かり、

当時ヨーロッパではアメリカの金利高政策に引きずられ景気回復が遅れて高い失業率に悩まされた

世界でも日本経済はひとり勝ちともいえる状況となった。1985年にG5が集まって開かれた「**プラザ合意**」[※5]の背景にはこのようなことがあったのだ。プラザ合意後、アメリカは、あまりにも急激なドル安はドル暴落につながり、アメリカ経済を混乱に陥れると懸念したが、実際に急激な円高が進み、ドル安は止まらなかった。

そこで1987年2月、再び各国の蔵相などがフランスに集まり、通貨の安定を求めたルーブル合意が結ばれたのだが、市場への効果は限定的だった。また、円高が進んでも、アメリカとの貿易赤字の不均衡は対日であまり是正されず、

80年代以降のドル円相場

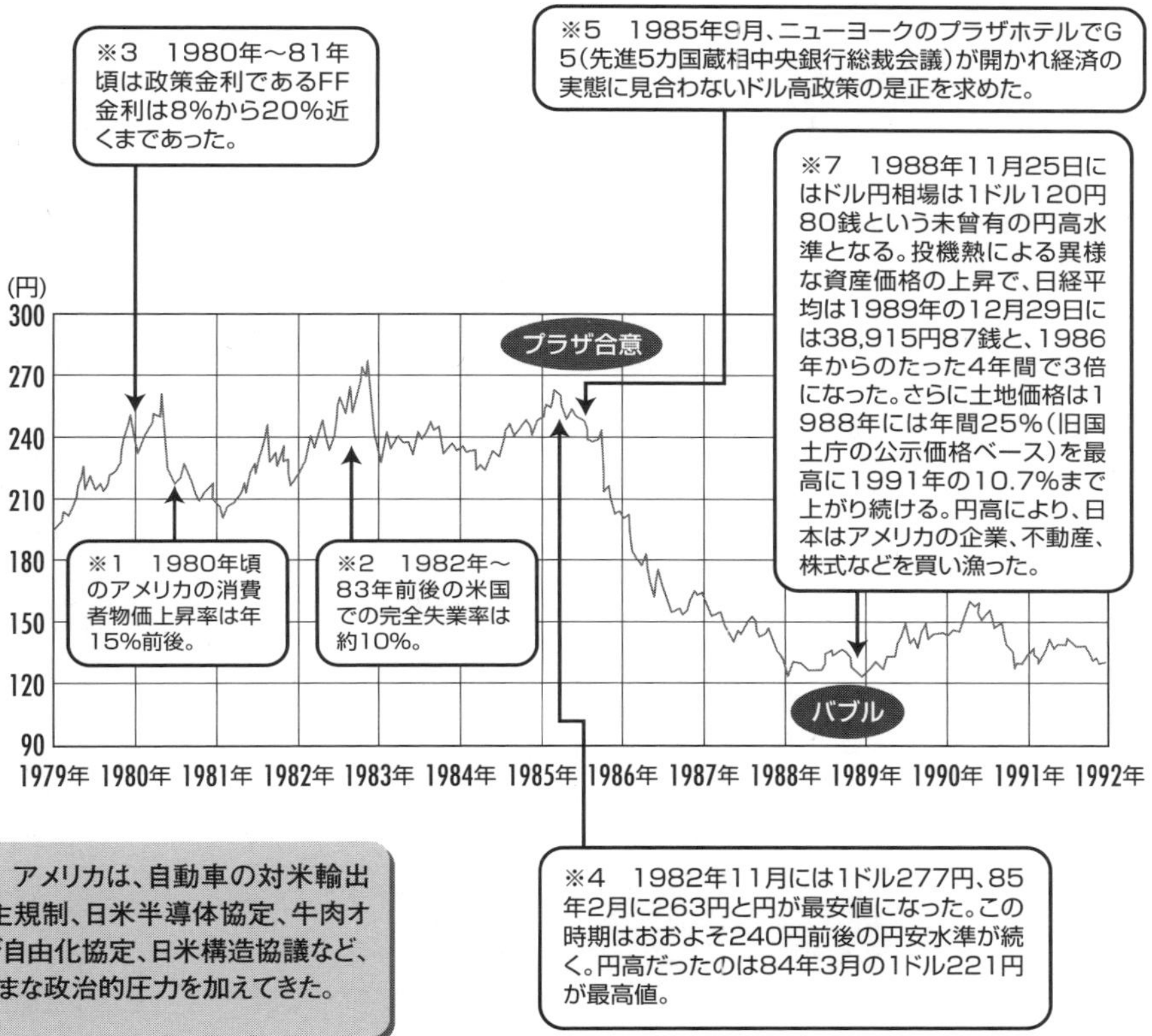
※3　1980年～81年頃は政策金利であるFF金利は8%から20%近くまであった。
※5　1985年9月、ニューヨークのプラザホテルでG5（先進5カ国蔵相中央銀行総裁会議）が開かれ経済の実態に見合わないドル高政策の是正を求めた。
※7　1988年11月25日にはドル円相場は1ドル120円80銭という未曾有の円高水準となる。投機熱による異様な資産価格の上昇で、日経平均は1989年の12月29日には38,915円87銭と、1986年からのたった4年間で3倍になった。さらに土地価格は1988年には年間25%（旧国土庁の公示価格ベース）を最高に1991年の10.7%まで上がり続ける。円高により、日本はアメリカの企業、不動産、株式などを買い漁った。
(円)
300
270
240
210
180
150
120
90
プラザ合意
バブル
※1　1980年頃のアメリカの消費者物価上昇率は年15%前後。
※2　1982年～83年前後の米国での完全失業率は約10%。
1979年 1980年 1981年 1982年 1983年 1984年 1985年 1986年 1987年 1988年 1989年 1990年 1991年 1992年
※4　1982年11月には1ドル277円、85年2月に263円と円が最安値になった。この時期はおおよそ240円前後の円安水準が続く。円高だったのは84年3月の1ドル221円が最高値。

※6　アメリカは、自動車の対米輸出の自主規制、日米半導体協定、牛肉オレンジ自由化協定、日米構造協議など、さまざまな政治的圧力を加えてきた。

アメリカ政府は通商政策[※6]を用いて日本に圧力をかけてきた。日本はアメリカに内需拡大を求められ、10年間で430兆円の公共投資を公約するまでに至った。

さらに、1987年10月のブラックマンデーによる世界同時株安や翌年1月の1ドル＝121円の円高などに悩まされたが、日本企業は、企業努力と、日米の金利差を保つための意図的な超低金利政策でこの危機を乗り切ったのだ。そして日本は、未曾有《みぞう》の好景気、[※7]**バブル経済**へと突入していくことになる。

1995年4月19日 超円高1ドル79円75銭

●キーワード
経常収支／口先介入／ヘッジ売り

超円高を引き起こした背景

1995年に起きた超円高は、アメリカが作り出した現象だった。

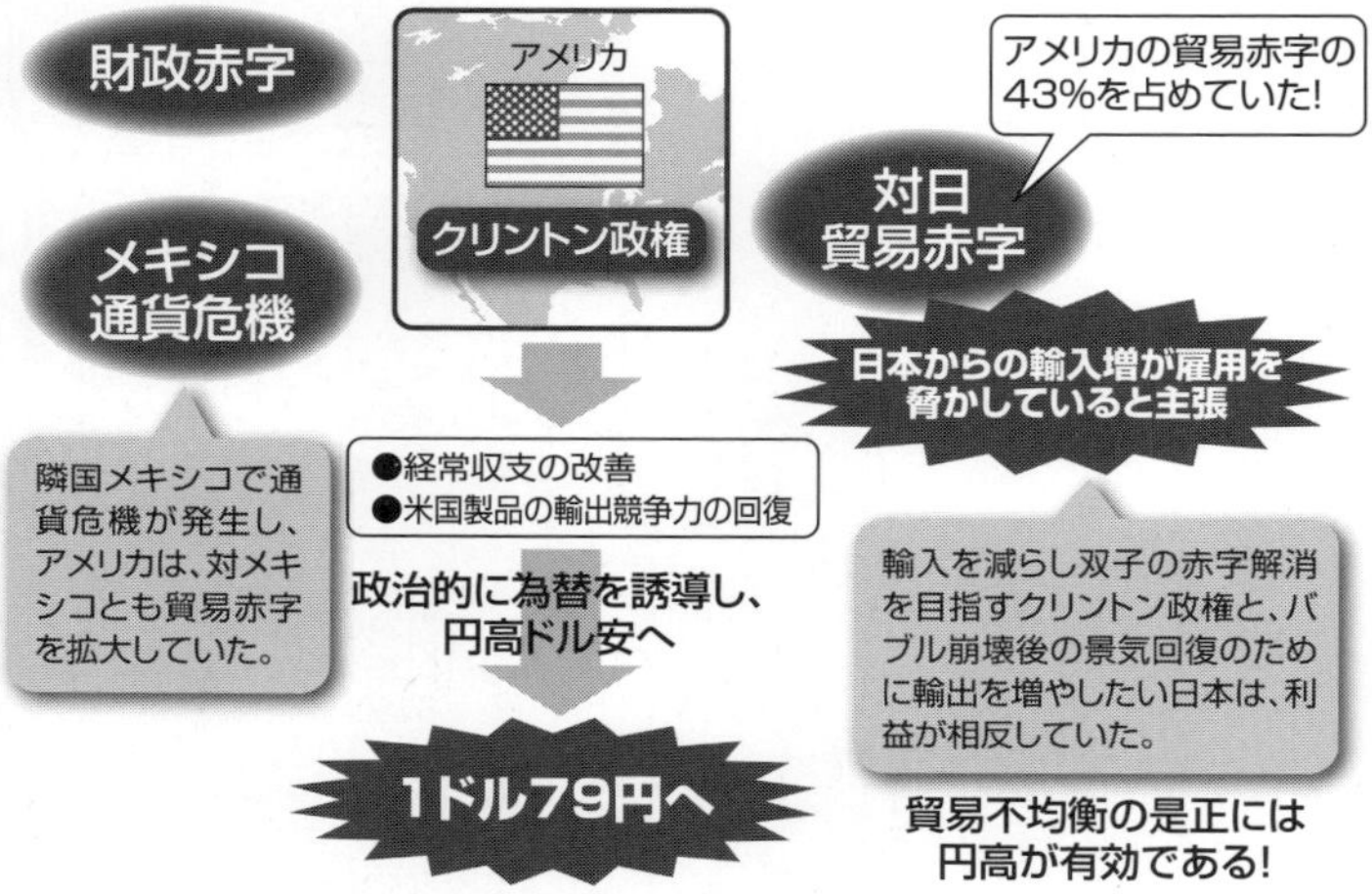
財政赤字
アメリカ
クリントン政権
アメリカの貿易赤字の43%を占めていた!
対日貿易赤字
メキシコ通貨危機
日本からの輸入増が雇用を脅かしていると主張
隣国メキシコで通貨危機が発生し、アメリカは、対メキシコとも貿易赤字を拡大していた。
●経常収支の改善
●米国製品の輸出競争力の回復
政治的に為替を誘導し、円高ドル安へ
輸入を減らし双子の赤字解消を目指すクリントン政権と、バブル崩壊後の景気回復のために輸出を増やしたい日本は、利益が相反していた。
1ドル79円へ
貿易不均衡の是正には円高が有効である!

1ドル79.75円……
過去最高値だ

1995年4月、円高は1ドル79円台の最高値をつけた。それは、まさに政治が作った円高だった。当時の背景を考えてみよう。双子の赤字（**財政赤字**と**貿易赤字**）を増大させた12年間の共和党レーガン・ブッシュ大統領時代と、1993年に政権を引き継いだ民主党クリントン大統領時代の決定的な違いは、国際情勢だった。

1989年、資本主義陣営と共産主義陣営を分け隔てていたベルリンの壁が崩れ、米ソ対立を基軸とした第二次大戦後の冷戦体制は終了した。その4年後に就任したクリントン大統領の最大の課題は、経済の立て直しだったのだ。

アメリカは１９９１年から好景気が続いていたのだが、実は双子の赤字は解消されていなかったどころか、１９９２年以降は、再び**経常収支**[※1]の赤字が増大していたのだ。１９９４年には、貿易赤字のうち43％分が対日本の貿易赤字となっていた。クリントン政権は、日本からの輸入増が米国内の雇用を脅《おびや》かしていると主張し、経常収支の改善と米国製品の輸出競争力の回復を狙って再び「ドル安容認」に踏み切った。アメリカ当局の**口先介入**[※2]とともに円高が進むことで、ドル資産の保全を目的に日本の生命保険など機関投資家の**ヘッジ売り**[※3]も出て、ついに円ドル相場は79円台まで急騰したのだ。しかし、この円高は日本企業の生産拠点の海外移転を容易にし、東南アジアなど他国との貿易関係を築くきっかけとなった。

　円が急騰した直後、G7[※4]（先進7カ国蔵相中央銀行会議）は「ドル相場の秩序ある反転」で合意。日米欧が協調してドル買い介入などを行い、超円高は収束へと向かった。

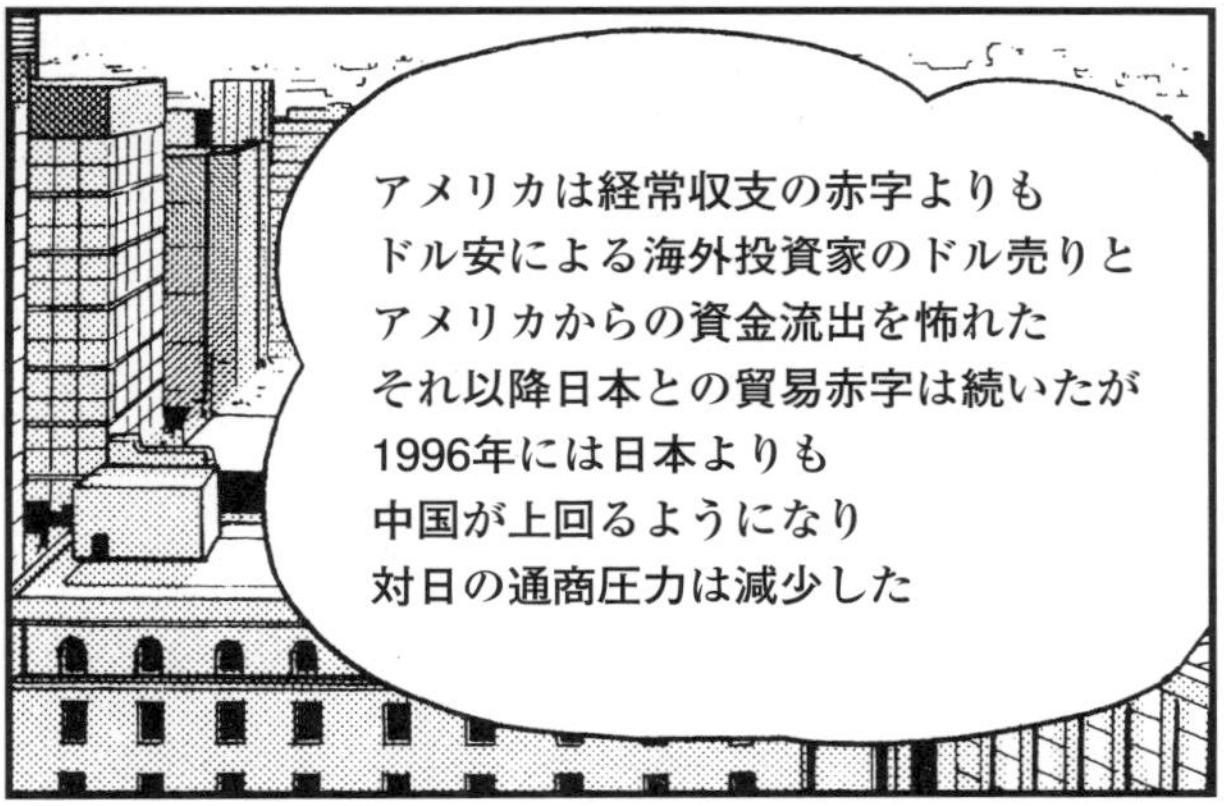
アメリカは経常収支の赤字よりも
ドル安による海外投資家のドル売りと
アメリカからの資金流出を怖れた
それ以降日本との貿易赤字は続いたが
1996年には日本よりも
中国が上回るようになり
対日の通商圧力は減少した

※１　経常収支とは、物や金が一定期間中に外国との間で出入りする総額。これには、商品の輸出入を示す貿易収支、物以外のお金の出入り（運賃、保険、収益金）を示す貿易外収支、送金などによる金の移動を考慮する移転収支を合わせている。

※2　中央銀行が市場で実際に外貨の売買をして市場介入するのと違って、首脳陣の発言などによって為替相場を誘導し、市場介入と同じ効果を上げること。

※3　「ヘッジ」とは「遮る」ことだ。例えば、円高が間違いなく進むと確信している日本の輸出業者が、将来入ってくるドル建ての売上げ分について、先物市場でドル売り円買いを行い、為替レートの円高が進む前に確定させてしまうことをいう。為替が落ちる前に遮ってしまうというわけだ。

※4　G5が日本、アメリカ、ドイツ、イギリス、フランス。G7は、それにカナダとイタリアが加わる。

1997年 アジア通貨危機は超円高から起こった

●キーワード
メキシコ通貨危機／アジア通貨危機

メキシコ通貨危機

アジア通貨危機の背景となるメキシコ通貨危機

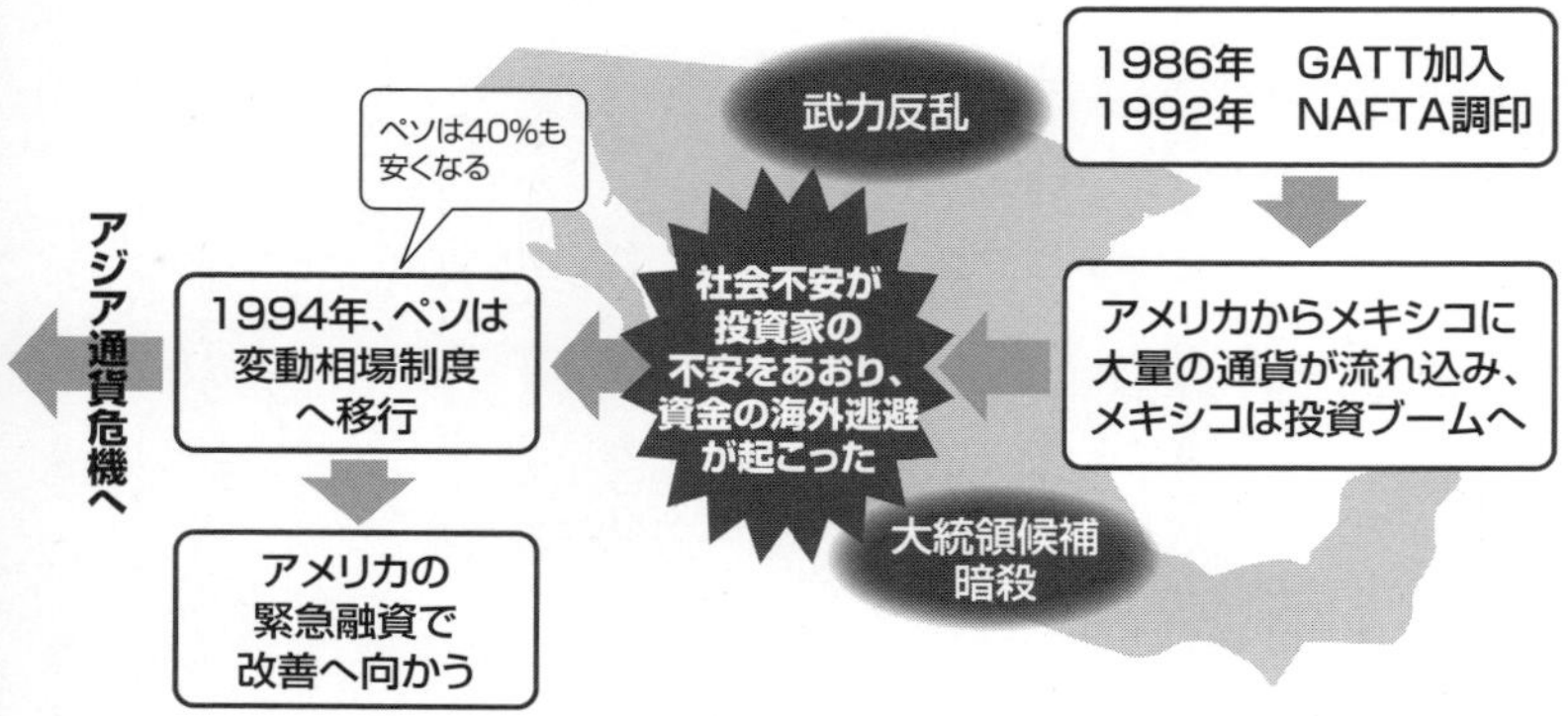
1986年　GATT加入
1992年　NAFTA調印
アメリカからメキシコに大量の通貨が流れ込み、メキシコは投資ブームへ
武力反乱
社会不安が投資家の不安をあおり、資金の海外逃避が起こった
大統領候補暗殺
ペソは40%も安くなる
1994年、ペソは変動相場制度へ移行
アメリカの緊急融資で改善へ向かう
アジア通貨危機へ

１９９４年12月、メキシコは好景気に沸いていた。１９８６年ＧＡＴＴ（関税および貿易に関する一般協定）に参加し、１９９２年12月にはＮＡＦＴＡ（北米自由貿易協定）が調印され、アメリカから安い労働力を求められて工場などを建設した。市場では景気が良くなったメキシコへの投資ブームが起きていたのだ。

しかし、大統領候補の暗殺や地方での武装反乱などでメキシコ投資への疑念が広がり、メキシコ政府は緊縮財政として、それまでのドルとの固定相場制度を変動相場制度に変更した。そして、短期間でメキシコペソは40％も安くなってしまったのである。当時、景気が堅調だったアメリカは、経済での関係も深い隣国の危機に１２５億ドルの緊急融資を行った。これにより、事態は比較的短期間に改善に向かうこととなった。

しかし世界の投資家は、あぶない国はメキシコ以外にもあるのではないかと懸念し始めた。メキシコから始まった**通貨危機**は、他の中南米諸国、アジア、ヨーロッパなど十数カ国に影響を及ぼした。

この世界各国に及ぶ通貨危機を増幅させたのは、投機筋であった。為替レートが大きく動くということは、上がる時でも下がる時でも、投機筋にとって儲けること

アジア通貨危機

アジア通貨危機はタイから始まった。

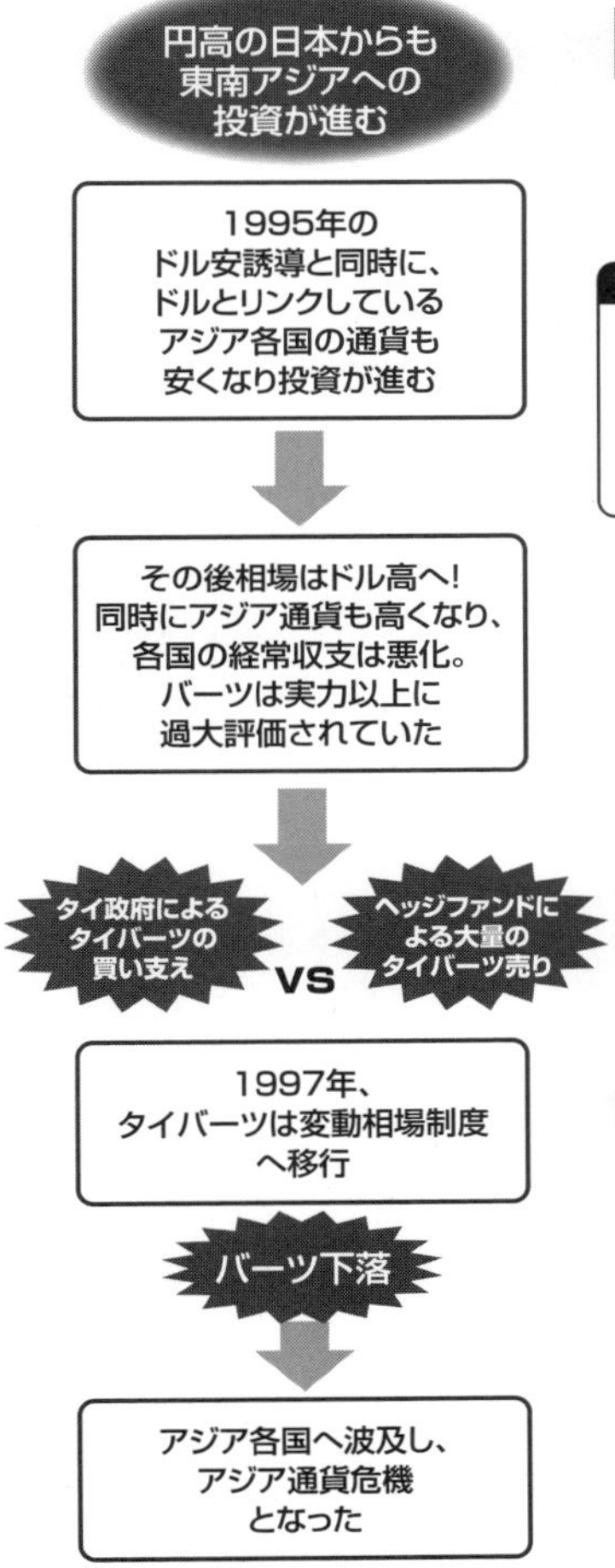
円高の日本からも東南アジアへの投資が進む
1995年のドル安誘導と同時に、ドルとリンクしているアジア各国の通貨も安くなり投資が進む
その後相場はドル高へ!同時にアジア通貨も高くなり、各国の経常収支は悪化。バーツは実力以上に過大評価されていた
タイ政府によるタイバーツの買い支え
VS
ヘッジファンドによる大量のタイバーツ売り
1997年、タイバーツは変動相場制度へ移行
バーツ下落
アジア各国へ波及し、アジア通貨危機となった

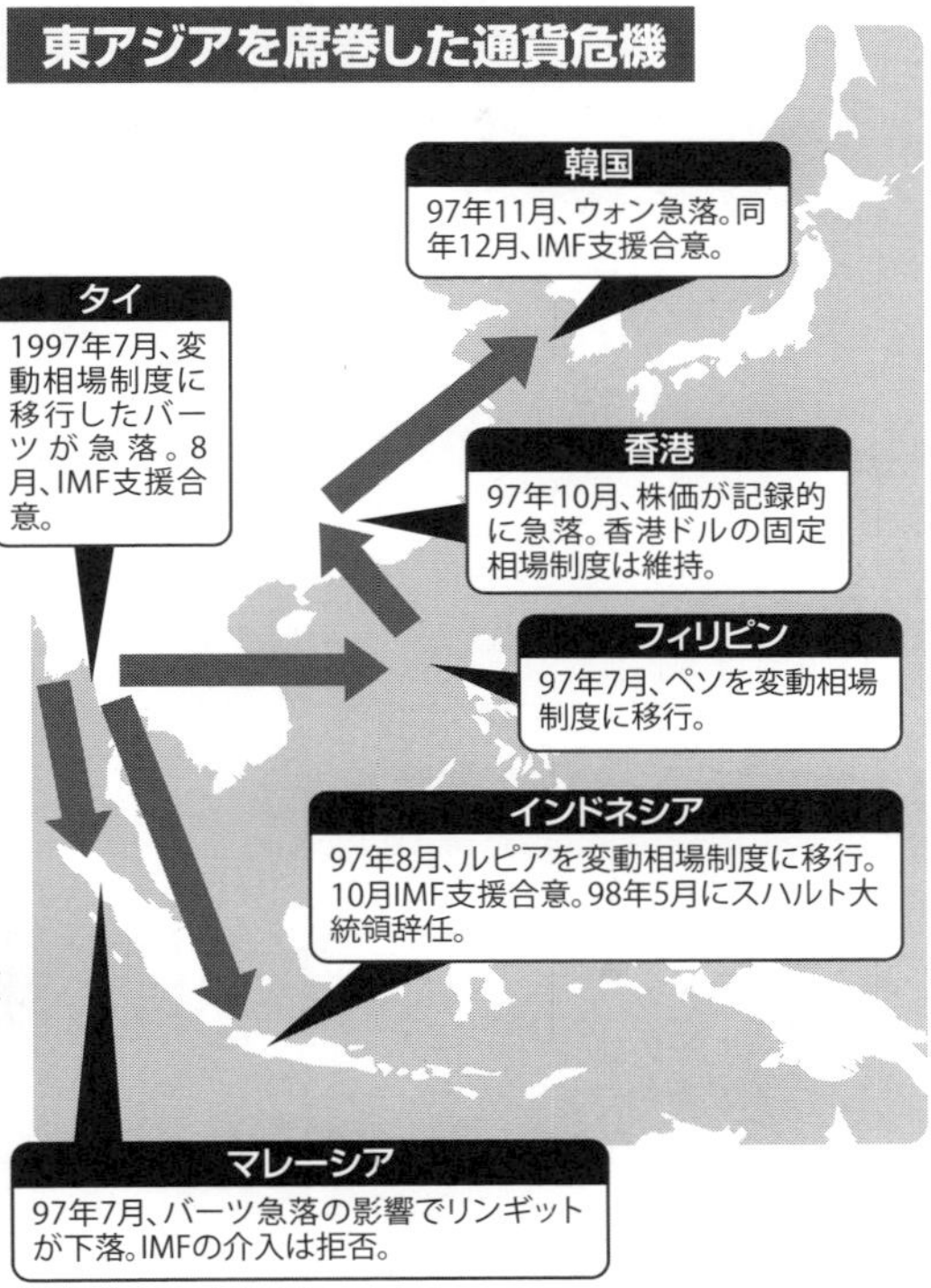
東アジアを席巻した通貨危機
韓国
97年11月、ウォン急落。同年12月、IMF支援合意。
タイ
1997年7月、変動相場制度に移行したバーツが急落。8月、IMF支援合意。
香港
97年10月、株価が記録的に急落。香港ドルの固定相場制度は維持。
フィリピン
97年7月、ペソを変動相場制度に移行。
インドネシア
97年8月、ルピアを変動相場制度に移行。10月IMF支援合意。98年5月にスハルト大統領辞任。
マレーシア
97年7月、バーツ急落の影響でリンギットが下落。IMFの介入は拒否。

ができる絶好の機会なのだ。世界の外国為替取引は１兆ドルとも１兆５０００億ドルともいわれていたが、そのうち、貿易取引による通貨取引はわずか５００億ドルから１０００億ドル、つまり、外国為替取引全体に対して、貿易取引による通貨取引は10分の１以下でしかない。すでに、取引の大半は投資や投機といった利益を求めて世界を駆け回る巨額資金が中心となっていたのだ。

1990年当時の世界名目GDPは約3100兆円。金融資産は約5500兆円ともいわれる。

１９９５年以降米ドルが主要通貨に対して上昇していく中でタイの通貨が実態より高く評価されるようになってきた
この状況でヘッジファンドが黙っているはずがない
１９９７年５月にタイバーツが大量に売られ始めたその２カ月後タイは米ドルリンク制を持ちこたえきれず変動相場制度へ移行しバーツを切り下げたんだ
そこからアジア諸国の大暴落が始まったというわけか

そのような中、１９９５年４月、１ドル79円にまで達したアメリカのドル安円高政策は、東南アジア各国に未曾有の好景気という副産物をもたらした。円高になったことで、日本から東南アジア各国へ本格的な投資が進んだことが大きな要因だといえる。

こうして、東アジアの奇跡とまで呼ばれた経済発展が始まったのだ。それは、工業化と輸出によって経済発展を成す、という戦後の日本が築いてきた成功モデルの後追いでもあったのである。

当時、多くのアジア各国の通貨はドルとリンクしていたので、ドル安は各国の通貨も安くなることを意味した。

つまり日本からの投資に加え、通貨安で輸出が伸びたのだ。ところが、１９９５年４月以降のドル

ドルと連動していたことで狙われたアジア通貨

タイバーツ、インドネシアルピー、香港ドル、韓国ウォンなど、当時まだ経済的に弱い国々は、自国通貨をドルと連動させることで信頼を高め、貿易や投資を呼び込みやすい環境を作った。当時のアメリカは金利が５％前後だったのに対し、タイは海外から資金を取り込むために10％以上の高金利政策をとっていた。為替がほぼ固定であれば、ドルを売ってタイバーツを買い、それを高い金利で運用して、必要な時にドルに戻せばいいわけだ。このようにして、多くの投資家がタイバーツを買っていた。しかし、実際のタイの経済はそれほど強くなかった。そこに目をつけたのがヘッジファンドなどの投機筋だったのだ。当時の東南アジアは、まさにアメリカドル圏といえよう。アメリカドルが唯一絶対の基軸通貨であった時代の象徴ともいえる。

高局面では、同時にアジア通貨も高くなってしまい、輸出競争力を失ってしまうこととなった。それでなくとも中国の追い上げが目立ち始めたころだった。このような中、通貨危機はタイから始まった。

当時のタイの経常収支は、改善の兆しもないにもかかわらず、タイバーツは実力以上に高くなっていた。そのため、タイバーツは

タイバーツ、インドネシアルピー、香港ドル、韓国ウォンなどの通貨が、ドルに対してある一定の変動幅の間で、レートを固定させていた。固定相場制度に似ているが、より緩やかな固定といえる。

1996年ごろから投機筋の売り圧力が強まっていた。1997年に入ると、アメリカのヘッジファンドなどもタイバーツを投機の対象とした。

タイの通貨当局は、230億ドル以上の資金を投入して必死にタイバーツを買い支えたのだが、持ちこたえられず、7月に変動相場制度へと移行した。そして、タイバーツは一気に高くなっていった。

これにより、経済基盤が弱かったタイ経済は、日本の円高不況と同じ構造をもたらすことになった。この危機はタイに留まらず、マレーシア、フィリピン、インドネシア、シンガポール、台湾、香港、さらには韓国までにも飛び火し、各国経済を冷え込ませる事態となったのだ。

イギリス経済が死に直面した24時間

●キーワード
ヘッジファンド／ポンド危機

クォンタムファンドという**ヘッジファンド**を主宰していた投資家ジョージ・ソロスは、１９９２年９月、英国の通貨のポンドを大量に売り浴びせた。その額はドルで１００億ドル相当といわれている。

　当時のヨーロッパは、冷戦が終結し、ドイツは旧東ドイツへの投資資金を呼び込むために、金利は高めに設定されていた。また、当時は欧州の統一通貨であるユーロに移行するための準備期間だった。欧州通貨制度（ＥＭＳ）を作り、加盟各国は他の加盟国と為替レートを一定範囲内に収める義務があったのだ。イギリスは、１９９０年に欧州為替相場メカニズム（ＥＲＭ）に加盟し、通貨を安定させるために高金利政策をとっていた。経済が低迷していたイギリスは、本来は金利を下げたいくらいだったが、高金利のためにポンドはどんどん買われ、経済の実力以上に高くなっていった。

　そのゆがみにジョージ・ソロスは目をつけ、ポンドを大量に売り浴びせたのだ。通貨を安定させるため、イギリスの中央銀行であるイングランド銀行はポンドを買い支え、金利をさらに上げて多くの人にポンドを買っ

知っておきたいポイント

ヘッジファンドは投資信託

　ヘッジファンドとは一種の投資信託である。一般的に馴染みのある株式投資信託などのように資金を個人投資家から広く集めるのではなく、大資産家や機関投資家などから巨額資金を集め、巨額の利益を得るのが特徴だ。そのやり方は、本来はリスクを回避するための金融商品であるデリバティブ（金融派生商品）などを投機的に用いて、手持ち資金の何十倍何百倍の資金を動かしレバレッジ効果で利益を増やすのである。彼らは、企業、国家、市場のゆがみという弱みを巧みに見つけ出し、相手が持ちこたえられなくなるまで、そのゆがみを徹底的に攻撃する。ヘッジファンドはアジア通貨危機だけでなく、1992 年に起きた英国ポンド危機も、その影響を受けたひとつだった。

ポンド危機

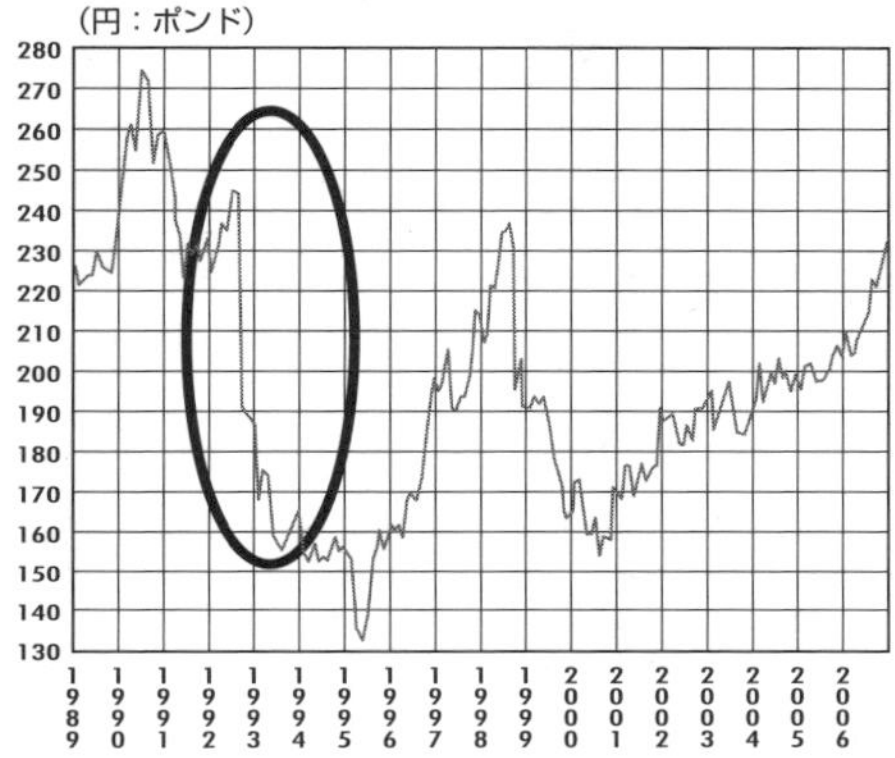
(円：ポンド)
280
270
260
250
240
230
220
210
200
190
180
170
160
150
140
130
1989
1990
1991
1992
1993
1994
1995
1996
1997
1998
1999
2000
2001
2002
2003
2004
2005
2006

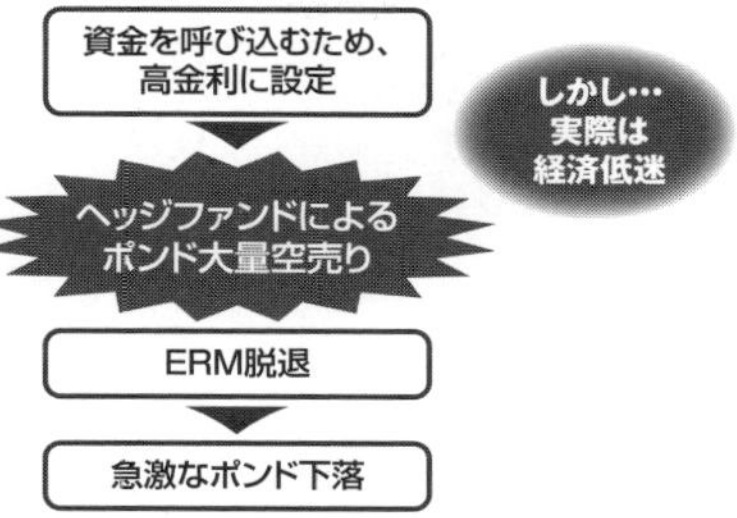
資金を呼び込むため、
高金利に設定
しかし…
実際は
経済低迷
ヘッジファンドによる
ポンド大量空売り
ERM脱退
急激なポンド下落

ポンドを高い時に空売りしたソロスは安くなって買い戻し20億ドルの利益を上げたといわれている

イギリスがユーロに参加していない原因のひとつがこのポンド危機ともいわれている

ヘッジファンドの資産規模はその後もさらに大きくなり、2007年には１兆6000億ドルの資産を持つに至ったといわれている。

アジア通貨危機の時にもその名を轟かしたソロスだが当時のマレーシアのマハティール首相はソロスを名指しで批判したしかし各国政府や中央銀行は投機資金の存在をもはや無視できない

てもらおうと対策を練った。１９９２年９月16日、前日まで10％だった公定歩合を、午前中に12％、さらに午後には15％と一日に２回も上げたのだ。一日に公定歩合を２回も動かすなどというのは異例中の異例である。

　それでもポンド売りは止まらず、イングランド銀行はＥＲＭからの脱退を余儀なくされてしまった。それと同時にポンドは急落しはじめ、９月末までに15％も下落した。

超円高でアメリカに何が起きたのか？

●キーワード

Jカーブ効果／M&A

M&Aの動向と為替レート

超円高の背景には、欧州企業による米国企業の買収（M&A）があった。

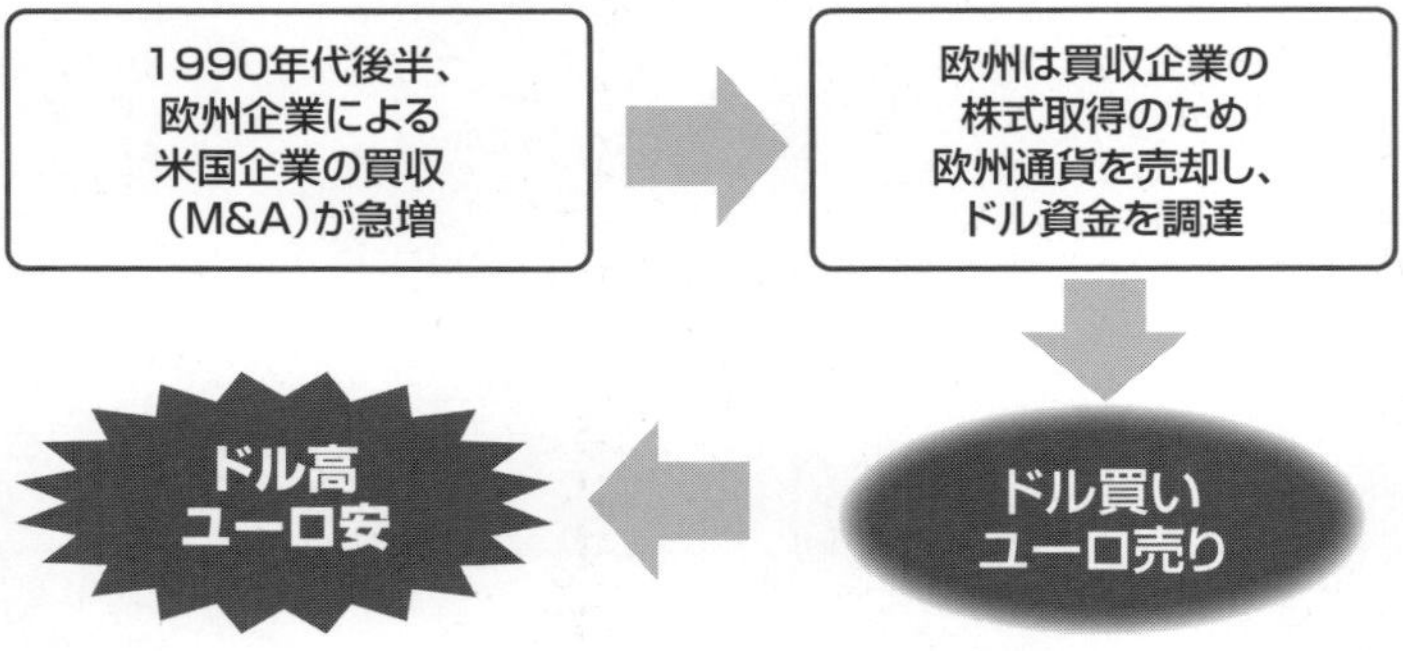
1990年代後半、
欧州企業による
米国企業の買収
（M&A）が急増
欧州は買収企業の
株式取得のため
欧州通貨を売却し、
ドル資金を調達
ドル買い
ユーロ売り
ドル高
ユーロ安

参考：「外国為替のしくみ」（日本実業出版社）

自由貿易を主張するアメリカは、日本との貿易赤字の問題を円高政策によって解決しようとした。つまり、円高になれば米国内での日本製品の価格は上がっていき、その結果消費者は買わなくなり、輸入も減るだろう、と考えたのだ。

しかし、円高になっても大きな効果は上がらなかった。もちろん、日本の産業界は円高に幾度となく苦しんだ。しかし、それを円高の度にコスト削減努力をして乗り越えてしまったのだ。

一部の政治家やエコノミストは、円高になってもすぐにその効果が現れないことを**Jカーブ**

知っておきたいポイント　Jカーブ効果とは？

為替レートが変動した時、その効果が現れるまでタイムラグがあり、短期的には予想される方向とは逆の現象が起こること。例えば円高になれば日本からの輸出価格が高騰し、輸出が減って貿易赤字が増えるはずだが、その反対に貿易黒字が大きくなることがある。これは円高がドルベースの輸出価格引き上げをもたらし、ドル建ての輸出金額が増加するためである。

時間の経過と貿易収支の変化を示すグラフの形がアルファベットのJに似ているところから、こう呼ばれている。

1995年
アメリカは日本との貿易赤字に悩み日本の輸出を抑えるために円高政策に乗り出しましたが失敗に終わりました
日本企業が価格以外の技術力で競争力をつけたことが大きかったのでしょう
円高だからといって輸出不振になるとは限らないか……その後、アメリカは？
通商政策に切り替えましたがこれも大きな効果を上げられませんでした
最終的にはドル高政策・高金利政策に転換して資金還流に努めるようになりました
金融立国アメリカの誕生というわけです

効果があるからだ、と論じた。

また、アメリカの消費者も、多少価格が上がっても、品質の良い日本製品を選んだ。

為替政策による円高では日本からの輸入を減らすことの限界を察知したアメリカは、次は通商政策によって事態の改善を図った。

例えば、日米自動車協議では、日本からアメリカへの自動車輸出台数の自主規制をさせたり、日本国内のディーラー網でアメリカ車を売らせようとした。日本からの輸出が難しくなると、日本の自動車会社はアメリカ国内に自動車工場を次々と建設し、輸出せずに米国内で製造した日本車を米国内で売ることに成功した。

また、日本の細い道路を考えれば、大きなアメリカ車が多く買われる可能性は低かった。

知っておきたいポイント　なぜドルは基軸通貨なのか

■基軸通貨となる主な条件

- ●通貨価値が安定していること
- ●国際間の貿易・資本取引に広く使用される決済通貨であること
- ●自由貿易体制をとり、国際貿易に占める比重が大きく、主要な買い手であること
- ●高度に発達した為替市場と金融・資本市場を持つこと
- ●中央銀行などの通貨当局が対外準備資産として保有する準備通貨であること

第一次世界大戦後のインフレや大恐慌で欧州経済が疲弊する一方、大きな経済力を持ったのがアメリカで、特に第二次世界大戦後、世界の復興需要を補える生産力を持っていたのはアメリカだけだった。戦後、アメリカは各国に米ドルの金兌換を約束し、ドルを持っていればつねに一定額の金との交換が保証されたため、共通の決済通貨としてさまざまな国がドルを持つようになった。米ドルが基軸通貨としての地位を確立したのはこの頃だ。

日米構造協議などさまざまな圧力で米国は、金融や公共工事、建設業などでも日本に進出しようとしたが、ことごとく失敗に終わった。1995年4月の1ドル＝79円台という、ドル暴落のギリギリラインまで円高を進めても効果は限定的だったのである。

1995年春以降、アメリカはドル高政策に舵を切り替えた。ドル安が進んだ1990年代前半から、アメリカの金融商品に投資することを日本は躊躇《ちゅうちょ》し始めていた。

それまでは、儲かった金を米国債や米国株式を買うことなどでアメリカに還流させてきた日本も、それ以上の円高による実損を嫌ったのだ。

アメリカの産業自体も、それまでのモノを作る製造業より、新たに生まれたＩＴ関連産業を国の新

200ドルください
とりあえずドルで持っていけばどの国に行っても使えるだろう

しい産業の中心に位置づけた。それだけでなく、**M&A**（Mergers and Acquisitions 企業を合併・買収することの総称）など、金で金を生むことが大きな利益を生むことに気がついた。

そして、レーガン時代のように、ドル高政策によって世界中から金を集め、その金を運用して利益を上げようとする金融立国の道を歩み始めたのである。1995年4月の1ドル＝79円台が、1998年8月にはドル高円安が進み1ドル＝147円台となった。

円安がここまで進んだ背景には、1994年のメキシコ通貨危機、1997年のアジア通貨危機を世界が経験し、結局20世紀の唯一の基軸通貨として考えられる通貨として、ドル以外の選択肢がなかったこともあるのだろう。

こうして、1995年から99年までの4年間に世界中から集まった対米直接投資と対米証券投資の黒字額の合計は、2兆ドルを遥かに上回ったのである。

しかしこのドル高も、1998年6月に日米協調の円買い介入、8月のロシア通貨危機、そして、リスクの高いアジアやロシアなどの市場に資金を投じていたアメリカのヘッジファンドLTCM※（ロングタームキャピタルマネジメント）が世界中の「質への逃避」（リスクの低い先進国の金融商品に資産を移すこと）によって破綻することで、終焉を迎える。そして、1999年には、ユーロが誕生するのである。

※LTCM：アメリカの大手証券会社の敏腕社員や、アメリカの中央銀行にあたるFRBの副議長、新しい金融商品のための数式を完成させたことでノーベル経済学賞を受賞した学者など、超一級の金融関係者が集まり、世界中の証券会社や銀行、富豪から集めた豊富な資金で運用した著名なヘッジファンドのひとつ。実力と比較して割安なものを買い、割高なものを売る、ということを最新金融商品を用いて運用。少ない資産で莫大な資金を動かす手法で注目を集めた。

会社名を日本語に訳すと、「長期間での資本管理」となるが、資産が増えるにつれて、将来性はあってもリスクの高いアジアやロシアなどの市場にも資金を投じた。このヘッジファンドに世界中の銀行が投資していたため、金融市場を震撼させた。

Chapter7

政策金利を見ればよくわかる中央銀行の本音

●キーワード
政策金利無担保コール翌日物／金利／ＦＦ金利／公定歩合

経済のことや外国為替の先行きを考える時、**金利**とその動向を知っておくことはとても大切なことである。なぜなら、金利は経済状況を映す鏡のようなものだからだ。金利を通して経済状況を把握し、金利が上がる傾向、下がる傾向がわかることで、今後の経済の状況や外国為替の先行きも予想がつくものだ。

金利といってもさまざまなものがあるが、これらは各国にある中央銀行（日本なら日本銀行、アメリカならＦＲＢ）が金融政策として決める政策金利に大きな影響を受けているのだ。

例えば、各国中央銀行が景気が

知っておきたいポイント

政策金利とは？

政策金利とは、日本なら「[※1]無担保コール翌日物金利」、アメリカでは「[※2]FF（フェデラルファンド）金利」だ。各国の中央銀行は、つねに直接市場に介入して、中央銀行の決めた金利に保つよう操作している。例えば、アメリカの中央銀行であるFRBがFF金利を0.5％にすると決めている下で、市場でお金を借りる人が増え金利が0.5％以上になりそうであれば、逆にFRBは市場にお金を貸し出す。反対に、0.5％以下になりそうであれば、市場からお金を借りて金利を高めにする。市場参加者はそれを知っているので、中央銀行の決めた金利を基準に取引をしていくのだ。

※1　金融機関の間で担保なしで、翌日に返済する場合に用いる金利。

※2　アメリカの銀行は預金の残高によってFRBにお金を預ける。これをFF（フェデラルファンド）といい、そのための資金を市場で借りてくる場合の金利を、FF金利という。

※3　公定歩合とは日本銀行が一般の銀行にお金を貸し出す時に用いられる金利のこと。現在の正式名称は「基準割引率および基準貸付利率」で、1994年に民間銀行の金利は完全に自由化されてしまい、公定歩合の重要性の低下を決定づけた。1990年代ごろから徐々に政策金利の立場は市場金利にとって代わられた。

悪いので景気を良くしたいと考えれば、世の中にもっとお金を流通させる金融政策を実行するだろう。政策としては、金利を低めにする、という方法があげられる。

　金利が低ければ、リスクをとってもお金を借りて新しい事業をしようという会社が増えるだろうし、住宅ローンを組んで住宅を買おうという人も増えるだろう。金利を低くすると、一般的に物が売れて景気が良くなるのだ。反対に、景気が良すぎて物価上昇を招きそうであれば、金利を高めに設定するのが通例である。

　原則として、金利が高くなると、株式相場では売り材料に、外国為替相場では金利の高くなる通貨の買い材料になる。つまり、アメリカが金利を上げればドルを買いたい人が増えるというわけだ。

無担保コール翌日物金利

コール市場とは、金融機関が日々の資金過不足を最終的に調整しあう場のこと。「無担保コール翌日物金利」は、コール市場で金融機関同士が短期資金を貸し借りする時の利率。「無担保で翌日返済」という条件であることから、このように呼ばれている。

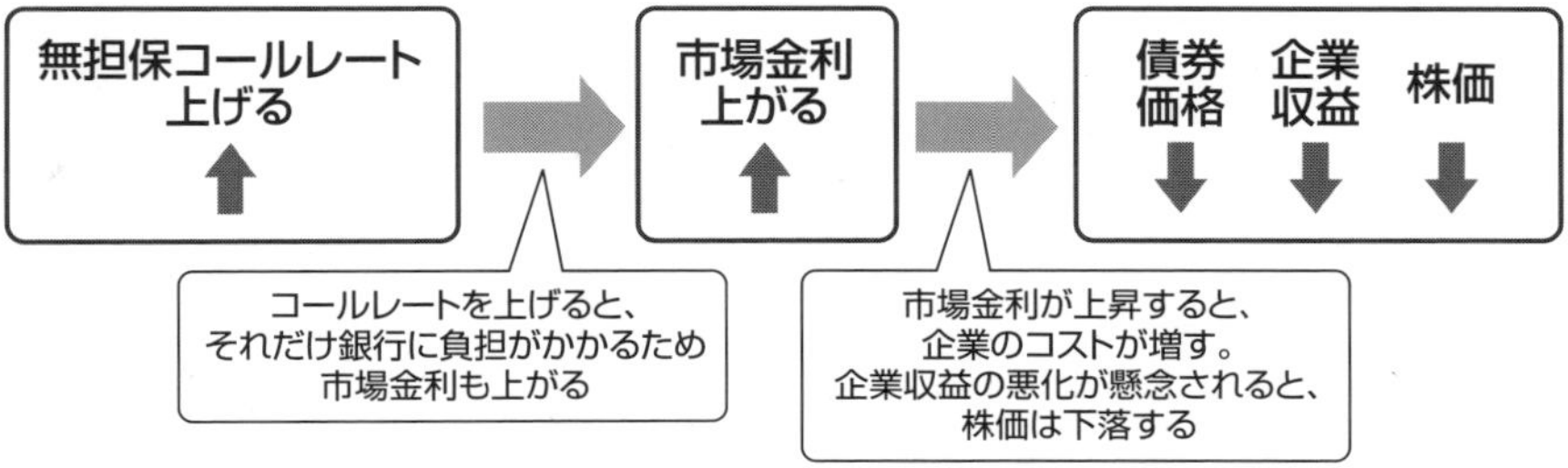
無担保コールレート上げる ↑
市場金利上がる ↑
債券価格 ↓
企業収益 ↓
株価 ↓
コールレートを上げると、それだけ銀行に負担がかかるため市場金利も上がる
市場金利が上昇すると、企業のコストが増す。企業収益の悪化が懸念されると、株価は下落する

以前は公定歩合※3の上げ下げに従って金利は動いていた
しかし今は公定歩合を下げても市場金利が思ったように反応するとは限らない

公定歩合ではもはや政策金利の役目を十分には果たせないので中央銀行が短期金融市場に自ら介入し金利を操作していくというわけか

将来の金利が予想できるイールドカーブって何？

●キーワード
イールドカーブ

イールドカーブとは

イールドカーブ

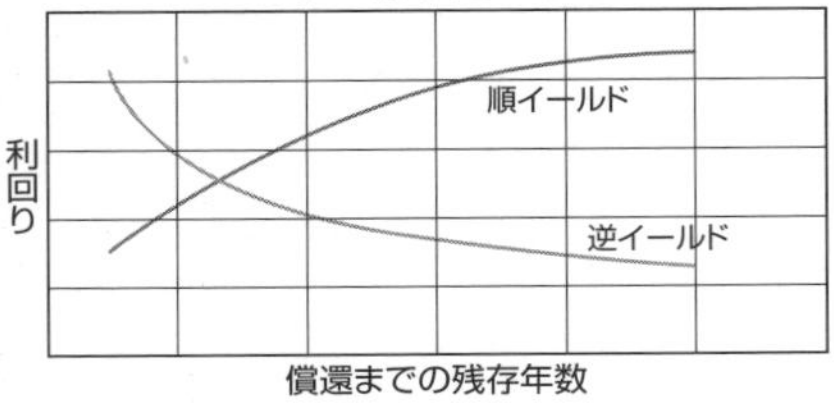
順イールド
逆イールド
利回り
償還までの残存年数

縦軸に利回り、横軸に償還までの残存年数を目盛りにとったグラフで、金利の期間構造を簡便に示したものとして広く用いられる。将来金利が上がると予想される場合、償還までの期間が長いほど、曲線は右上がりになる。これは金利が高くなる前に長期間の借入れをしようとする人が増えるからである。逆に金利が下がると予想される場合は、金利が低くなってから長期間の借入れをしようとする人が増えるため、右下がりになる。

金利の上下の動向を予想できるようになることは、経済や市場を見る人間にとって、とても重要である。そのためには、短期金利だけでなく、長期金利の動向も見る必要がある。例えば、日本の10年もの国債やアメリカの30年もの国債の金利などである。

一般に、短期間向けの金利より長期間向けの金利のほうが高いといえる。これは、住宅ローンと同じで、30年ローンの金利が30年もので年5%、2年ごとの変動ローンなら3%ということがある。30年ものは、一度借りてしまえば30年間ずっと年5%の金利を払えばよく、2年ものなら目先の2年は3%と低いが、2年後はもっと高い金利になるかもしれない。

しばらくは景気も悪く金利は低いままだと予想すれば、わざわざ高金利の30年ものを慌てて申込む

この曲線は期間が長いほど金利が高くなるので、将来は景気が良くなり金利も上がるだろうと予想すれば、きれいな右上がりの曲線になる。逆に、将来は景気が悪くなり金利が低くなるだろうと予想すれば、フラットに近い、寝そべった形の曲線になる。

金利が高くなれば外国為替の上げ材料、
株式相場の下げ材料になる。

イールドカーブは
フラット形に
なっている……

当面
景気回復の見込みは
ないか……

人は少ないだろう。反対に、好景気で金利も上がっていくと予想すれば、多少高金利でも30年ものローンを組む人が増えるのだ。企業が1億円のお金を借りる場合、1年ずつ借り換えていく方法もあれば、10年間一気に借りてしまう方法もある。

　このように金利というものは、1年は3％、5年は5％、10年は8％といった金利の時もあれば、1年は3％、5年は3・5％、10年なら4％といったように、その時の市場の思惑が絡んでくる。こうした金利と償還期間（満期、借りる期間）の相関関係をつないでいくと、ある曲線のグラフができる。これを**イールドカーブ**（利回り曲線）という。このカーブの形状は今後の金利動向を占うひとつの指針となる。

知っておきたいポイント

市場関係者も注目している イールドカーブを読みこなせ

　イールドカーブの形状には、市場関係者の景気の予想が反映されている。経済の先読みができるようになるには、その形の変化に気づくことが大切だ。この曲線を読み解くことで、少なくとも、市場関係者がどのように今後の金利を予測しているかがわかる。例えば、寝そべった形から徐々に右上がりになれば、景気が回復し、金利が高くなって行きそうだと予測している人が増えてきた、と判断する材料のひとつになるのだ。

　中央銀行も、この曲線を見て政策金利を決定することがある。イールドカーブを読み解くことは、政策金利の先読みにもつながるというわけだ。現状の金利を知るだけでなく、今後金利が高くなっていきそうだ、低くなっていきそうだ、と今後を予想できるのはとても重要なことなのだ。

Column

大損したくない人のためのデリバティブのツボ

デリバティブの「売り手」が背負うリスクとは?

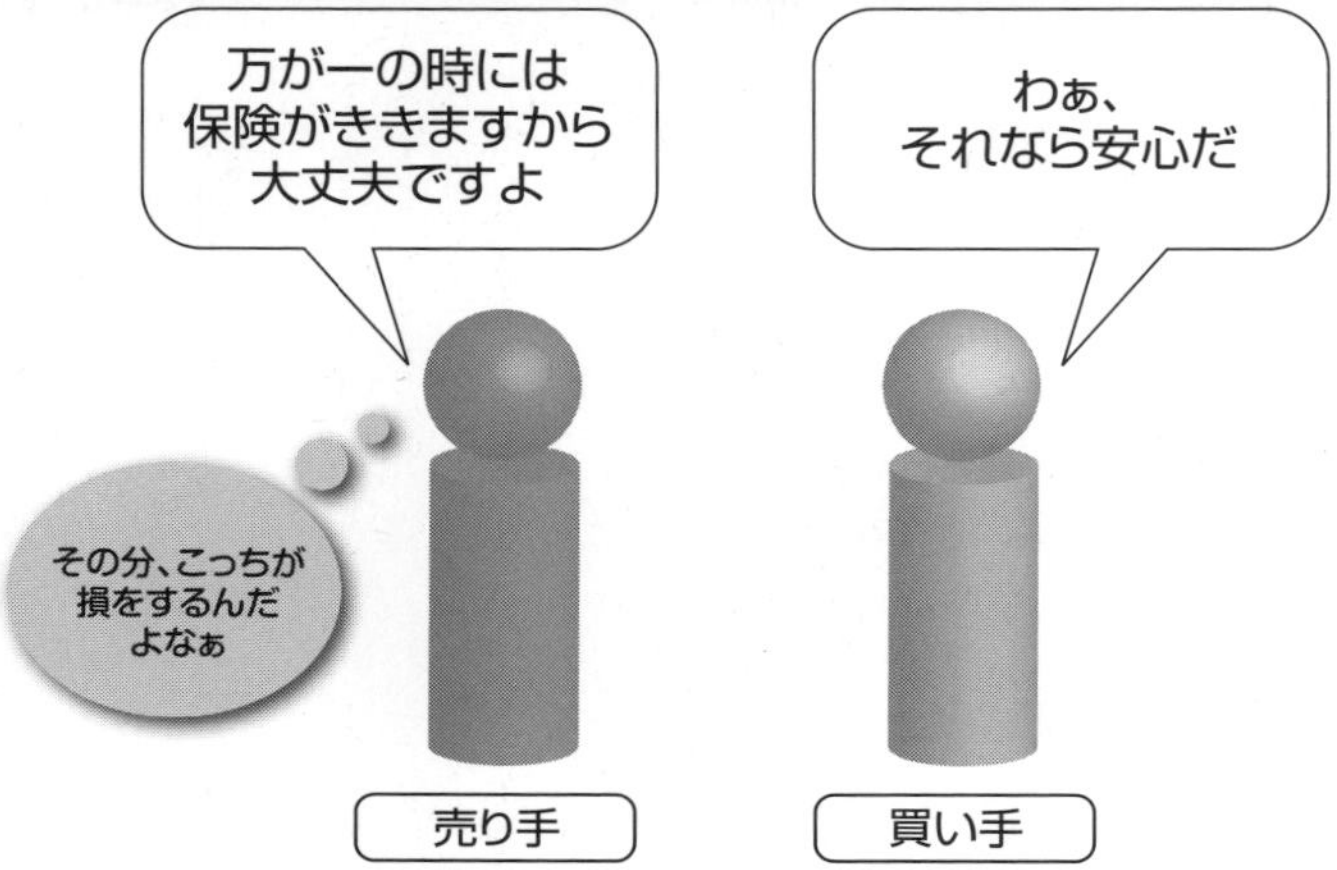
万が一の時には
保険がききますから
大丈夫ですよ
わぁ、
それなら安心だ
その分、こっちが
損をするんだ
よなぁ
売り手
買い手

最近、デリバティブ（金融派生商品）はハイリスクな金融商品と悪者のごとく報道されることが多いが、それは本当なのだろうか？　デリバティブの代表であるオプションを、この本では保険のようなものと説明したが、もう少し正確にいうと「掛け捨て保険」だといえる。

掛け捨て保険とは、「掛け金を払って保険を買えば、いざという時、契約に従って補償してもらえる」というものだ。保険を買う側は、掛け捨ての掛け金は戻ってはこないが、いざという時に莫大なお金が転がり込む。言い方を変えると、お金をもらえない時は上手くいっている時といえるだろう。

これを外国為替のオプションに当てはめて考えてみよう。１００万ドルを持つ者にとって、１ドルが１００円から１１０円と円安になれば、為替差益で莫大な儲けが出る。しかし、この時保険金を払ってもらえる「掛け捨て保険」（＝対円でのドルプットオプション）を買っていた場合、この人

デリバティブは金融業者の
ボロ儲け手段じゃない
「何か起きること」の
確率は
案外高いんだ

は掛け捨て保険を使わないまま期限がきて、払った掛け金分だけ損をしてしまう。

逆に、どんどん円高になって損をした時のことを想定してみよう。1ドル=90円、80円になった場合は、保険がおりてお金が入り円高での損失を穴埋めしてくれる。損するのは掛け金分だけとなる。つまり、デリバティブを買う場合、損失は限定され、儲けられる金額は無限大の可能性があるのだ。

ではなぜ莫大な損失を被るところが出てくるのか。それは、オプション、つまり保険の売り手になるからだ。保険の売り手になれば、まずは保険料が入ってくる。何もなければ、保険料分が儲けになるだろう。しかし、保険金を支払う事態では、大きな損失が出てしまう。保険の売り手となり、他者を補償する契約をしたのだから、考えてみれば、当たり前の話だ。

原則としてデリバティブを買う側の損失は常に確定しているが、売る側の損失は確定していない。大きな損失を出したケースはデリバティブを売った側だったことが多い。

第5章

これからの為替市場を動かす最重要項目10

サブプライムローンやアメリカ経済は
為替取引をする上で、切っても切れない関係になる。
第５章では、為替市場の現状を知り、世界経済の行く末を探っていく。

ここが世界経済の中心地か！
AMERICAN

不景気だからこそ、勉強を!

GoldStar
お手洗
TAXI
マーク
Hi DAD《おやじ》
アメリカの景気はどうだ？
最悪さ ハハハ
こんな時代だからこそ しっかり勉強 しなきゃな！

今、資金はどこに向かっているのか?

世界の為替市場と通貨

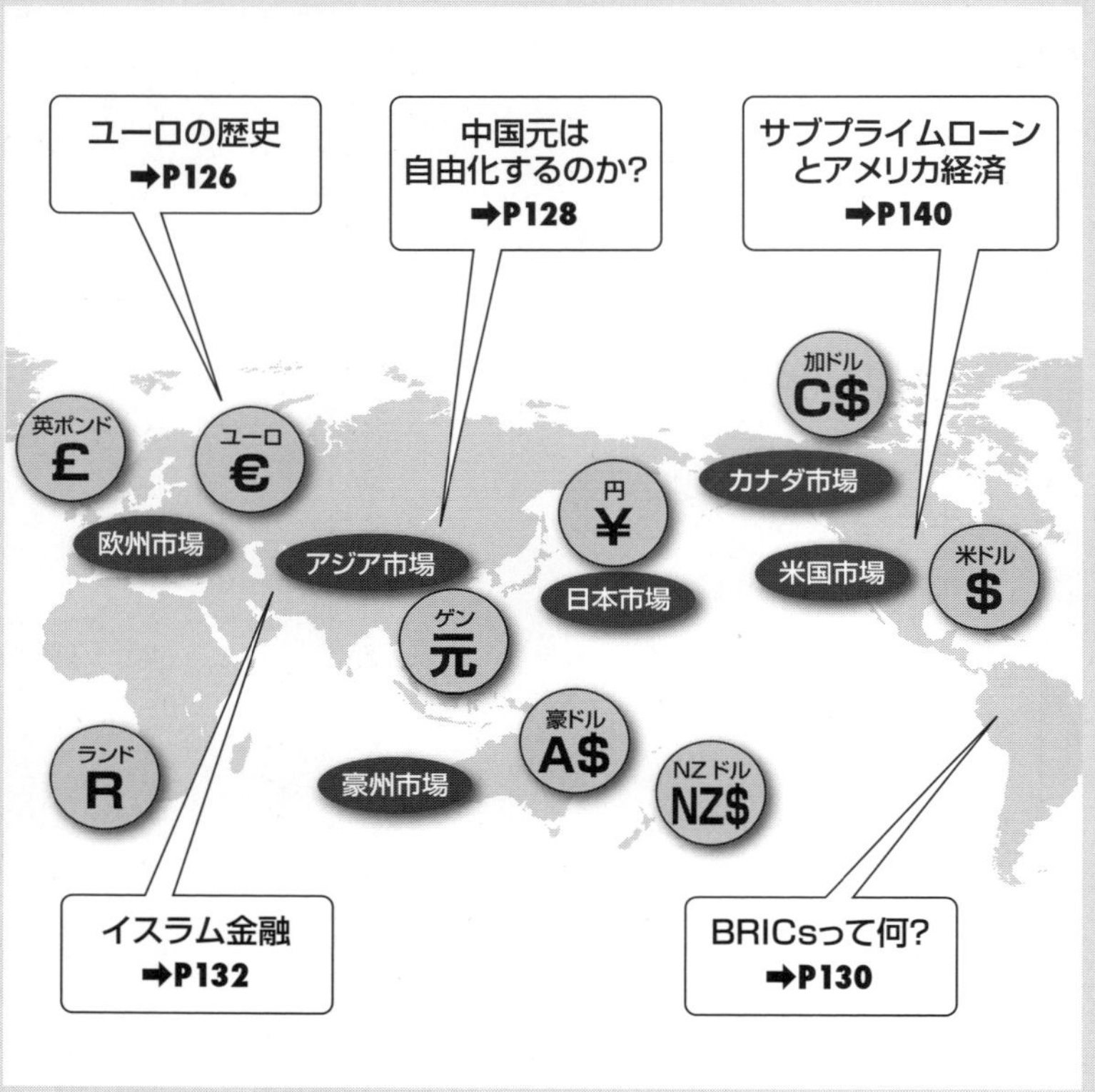
ユーロの歴史
➡P126
中国元は
自由化するのか?
➡P128
サブプライムローン
とアメリカ経済
➡P140
加ドル
C$
英ポンド
£
ユーロ
€
カナダ市場
円
¥
欧州市場
アジア市場
米国市場
米ドル
$
日本市場
ゲン
元
豪ドル
A$
ランド
R
NZドル
NZ$
豪州市場
イスラム金融
➡P132
BRICsって何?
➡P130

20世紀はアメリカ中心に動いた世紀であった。それが21世紀になって様変わりしてきている。欧州では、1999年にユーロが銀行間取引に導入され、2002年には貨幣が本格流通した。2001年に1ユーロ＝80セントだったものが、2008年には約1・6ドルにまでなり、7年で2倍の強さになった。この背景には、2001年以降、ドルからユーロへの資金流出があったことが影響している。そして、今や世界で流通している紙幣は、ドルよりもユーロのほうが多くなった。

また、年間7%で成長を続けるBRICs《ブリックス》（ブラジル、ロシア、

原油や余剰食料鉱物資源などを持つ国の経済力も強まっている
世界の富がアメリカだけでなく世界各地に分散化された今後も経済と為替市場を動かしそうな不確定要素は山ほどあるな

インド、中国）への投資や資産運用も活発である。こうした背景からもわかるように、相対的にアメリカ経済の地位が低下していることはもはや否定できないだろう。

日本にとっても重要な貿易相手国となった中国の人民元は、当局によって規制されたままだが、今後変動相場制度の中に組み込まれていく可能性も考えられる。原油価格の高騰から莫大な富を得たイスラム世界では、金融に対しても宗教観から規制があるが、その動向は、世界中の注目を浴びている。

世界の金融市場は、２００８年に起きたアメリカ発世界金融危機によって変わりつつある。第５章では、為替市場に影響する世界経済のポイントをおさえておこう。

ドルの時代は終わった!?

ここ数年で日本の米ドル建て資産への投資が急激に減ってきている
円ドル相場だけで見ていたら痛い目にあうぞ

ドルを脅かしつつあるユーロの実態

●キーワード
ユーロ／EU

1950年、当時のフランス外相ロベール・シューマンはヨーロッパの石炭・鉄鋼産業の統合を図る共同体を提唱した。これを受けて、フランス、イタリア、ベネルクス（ベルギー、オランダ、ルクセンブルク）、西ドイツがパリ条約に調印し、欧州石炭鉄鋼共同体（ECSC）の設置を決定した。

その後、1967年にブリュッセル条約で欧州共同体（EC）が発足し、1993年マーストリヒト条約が発効され、ECの枠組みに、外交と内務に関する分野を加えた3つの柱構造を持つ**EU**が新たに発足した。

そして1998年、欧州中央銀行（ECB）が発足し、1999年には単一通貨ユーロが誕生。2002年には**ユーロ紙幣**が流通開始となった。

今や世界で流通する紙幣はドルよりもユーロのほうが多く、外貨準備についても、ドル比率は1999年の70％から2000年の63％へと減少。着実にユーロの比率は高まっている。そして現在では、中東やアジアなどの近隣諸国でもユーロは浸透しつつある。

しかし、ユーロとして通貨の単位は統一したものの、EU加盟各国は依然として主権国家である。各国の経済基盤や価値観など、無視できない相違が存在する。

知っておきたいポイント

ユーロが導入されている国

ベルギー	ドイツ
ギリシャ	スペイン
フランス	アイルランド
イタリア	ルクセンブルク
フィンランド	スロベニア
オランダ	オーストリア
ポルトガル	キプロス
マルタ	スロバキア

（2009年1月現在）

1999年から2009年までのユーロの推移

(円・ユーロ)
180
160
140
120
100
80
60
40
ユーロ誕生
ユーロ紙幣流通開始
2007年、スロベニアが13番目のユーロ加盟国となる。続いてキプロス、マルタも加盟
1999年
2000年
2001年
2002年
2003年
2004年
2005年
2006年
2007年
2008年
2009年

ユーロの歴史

1951年	フランス、イタリア、ベネルクス（ベルギー・オランダ・ルクセンブルク）、西ドイツがパリ条約に調印
1967年	ブリュッセル条約で欧州共同体（EC）が発足
1993年	欧州連合条約（マーストリヒト条約）でEUが発足、ユーロの導入が定められる
1998年	欧州中央銀行（ECB）が発足
1999年	ユーロを銀行間取引などの通貨として導入
2002年	ユーロ紙幣、硬貨を発行。本格流通が始まる

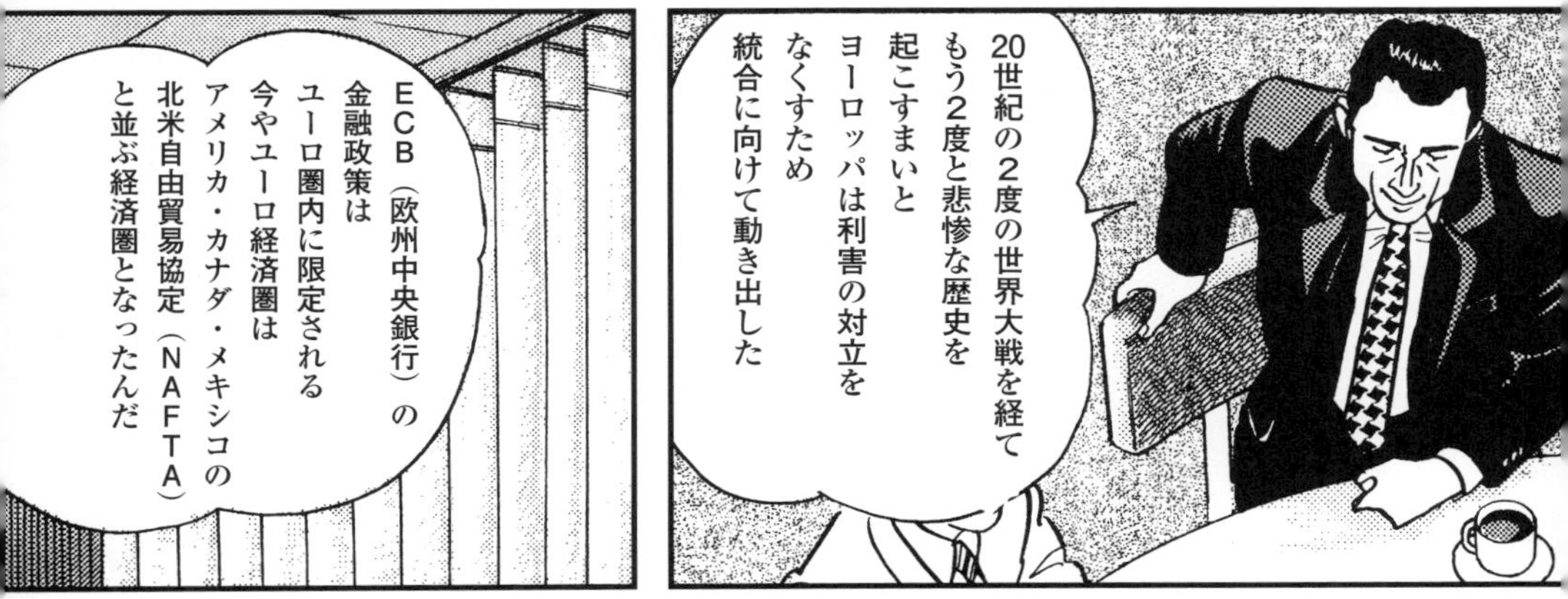
20世紀の2度の世界大戦を経て
もう2度と悲惨な歴史を
起こすまいと
ヨーロッパは利害の対立を
なくすため
統合に向けて動き出した
ECB（欧州中央銀行）の
金融政策は
ユーロ圏内に限定される
今やユーロ経済圏は
アメリカ・カナダ・メキシコの
北米自由貿易協定（NAFTA）
と並ぶ経済圏となったんだ

人民元自由化の世界経済へのインパクト

●キーワード
人民元／管理フロート制度／人民元切り上げ

中国人民元はもともとドルと連動しており、ドルの値打ちが上がれば人民元も上がる固定相場制度を採用していた。

ところが2005年、人民元の為替レートを、約2・1％（1ドル＝8・28元から1ドル＝8・11元へ）引き上げた。加えて、それまでの固定相場制度から前日比0・3％までの変動とする**管理フロート制度**へと移行。それと同時に※通貨バスケット制度を導入し始めたのだ。人民元の価値の低さから安い中国製品が多く輸出されたために、アメリカは対中貿易赤字が増加し、**元の切り上げ**を強く求めてきた。これに対して、中国政府が配慮したともいえるだろう。

また、中国の中央銀行である中国人民銀行は、対ドル固定相場の維持を目的としたドル買い人民元売りを行っていた。その結果、外貨準備高が増加し、人民元の流通量が増えた。今や中国の米国債保有高は世界一にまでなっている。元を切り上げることで、人民元の流通量の増加と過熱する景気によって高まるインフレ圧力を和らげたのである。

世界第3位（2008年現在）の経済大国となった中国経済。それがいつまでも管理通貨制度に守られるわけがない。人民元の行方は今後も注目していきたいところだ。

※ドルだけでなく、ユーロや円などにも連動させること

知っておきたいポイント

米中関係の今後の展開は？

莫大な人口を抱える中国は、さらに原油などの鉱物資源、食品などの一次産品から家電、クルマなど、今後も輸入が増え続けることが予想される。そのため、アメリカの要求であった人民元の切り上げは、中国経済の競争力にとってはプラスの要因となるという見解もある。

また、2008年の金融危機により、米国内の雇用創出を狙うアメリカのオバマ政権は、人民元の切り上げにより、中国の輸出競争力に歯止めをかけようとする可能性もある。

1ドル：人民元の相場推移

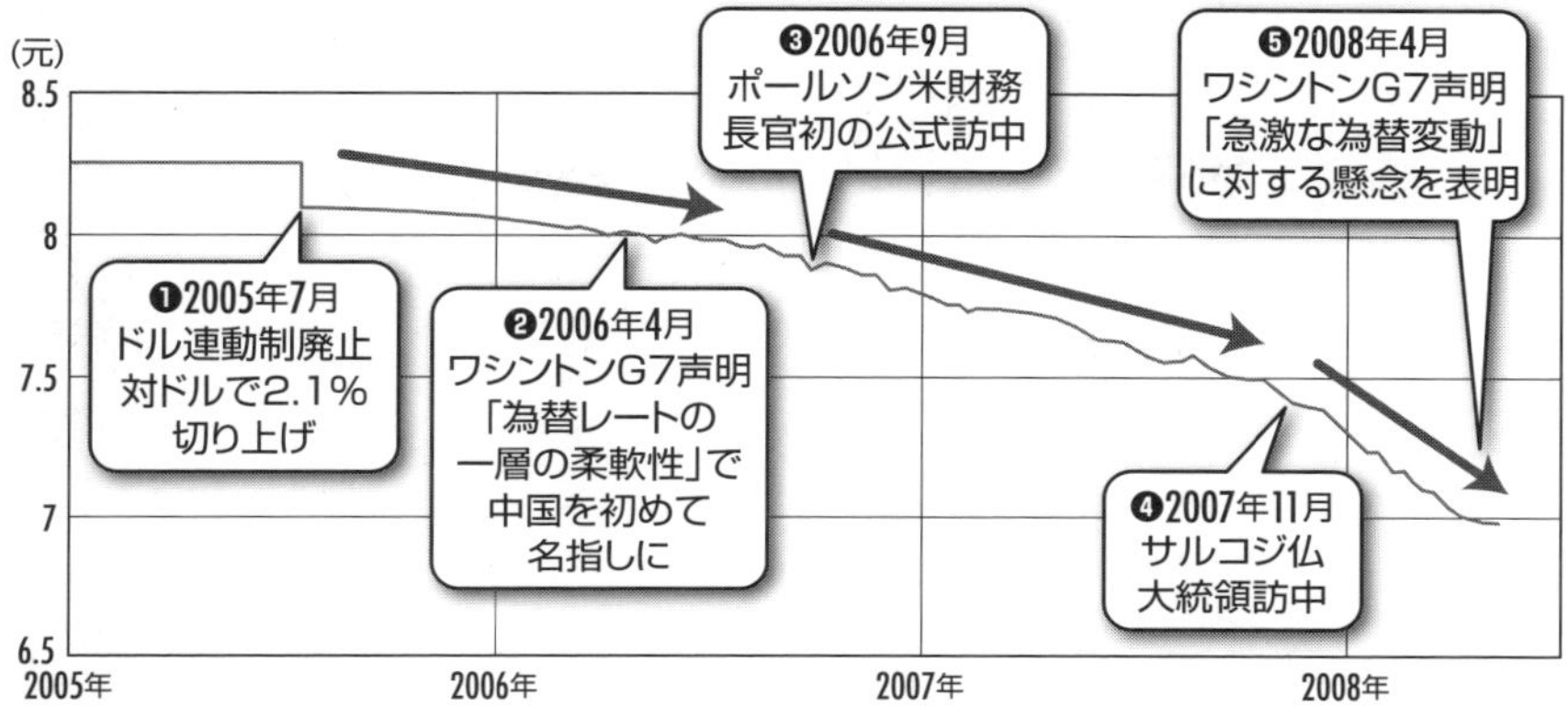
(元)
8.5
8
7.5
7
6.5
2005年
2006年
2007年
2008年
❶2005年7月
ドル連動制廃止
対ドルで2.1%
切り上げ
❷2006年4月
ワシントンG7声明
「為替レートの
一層の柔軟性」で
中国を初めて
名指しに
❸2006年9月
ポールソン米財務
長官初の公式訪中
❹2007年11月
サルコジ仏
大統領訪中
❺2008年4月
ワシントンG7声明
「急激な為替変動」
に対する懸念を表明

なぜ これほどまでに、人民元の切り上げが 注目されて いるのだろう?
一番大きいのは 中国の経済力が 飛躍的に伸びて きているからでしょう
中国のGDPは 近い将来 アメリカを抜いて 世界一になると いわれています
ふむ…… ということは
ズ…
人民元の切り上げは 中国商品の値上げを 意味します
中国にしてみると 輸入はしやすくなる代わりに 輸出が難しくなるわけです これが実現されれば 世界経済のしくみが変わるほど の影響が考えられますね

経済力を強めつつあるBRICs

●キーワード
BRICs／GDP／経済成長率

BRICs《ブリックス》とは、昨今、**経済成長**が著しいブラジル（Ｂｒａｚｉｌ）、ロシア（Ｒｕｓｓｉａ）、インド（Ｉｎｄｉａ）、中国（Ｃｈｉｎａ）の頭文字を合わせた4カ国の総称である。

ＢＲＩＣｓは経済成長が目覚ましく、**GDP**や貿易額が増加し続け、世界経済に多大な影響を与えるまでになってきた。また、国の面積や人口も大きく、ここ数年あるいは数十年でさまざまな改革を進めてきたため、その潜在力を成長率に反映させることが可能になった。

その結果、現在Ｇ６（日米英独仏伊）の15％に過ぎない経済規模が、２０２５年には50％、２０４０年頃にはこれらを上回り、２０５０年ではＧ６の１・５倍の規模になるという予測もある。

これらの4カ国が注目される理由は主に3つある。

1つめは、国土面積や人口など、規模の大きさである。ＢＲＩＣｓ全体では世界の国土面積の29％、人口約27億人で世界の45％近くを占めている。圧倒的な比重だ。

2つめは、世界経済に占める地位だ。ＢＲＩＣｓ全体のＧＤＰのウェイトを一定の為替で換算すると24％であり、アメリカ（21％）、ＥＵ（20％）をすでに上回っている。

3つめは、これまでの成長実績および今後の成長への見込みだ。新興工業国の中には経済成長が失速した国もあったが、この4カ国は平均で年6％の成長を遂げており、今後も比較的高い成長率を達成していくものと予想される。

2050年までには中国がアメリカのGDPを追い抜いてトップに立ち、インドが日本を抜いて3位になるといわれている。国土、原油や鉄鉱石などの豊富な天然資源、そして労働力の源泉となる膨大な人口を持っていることから、このような経済成長が見込まれているんだ。

主要国の名目GDP値

★がBRICs　　（単位:10億ドル）

順位	2004年の実績値 国名	2004年の実績値 GDP値	2050年の予測値 国名	2050年の予測値 GDP値
1	アメリカ	11,733	★ 中国	44,453
2	日本	4,668	アメリカ	35,165
3	ドイツ	2,707	★ インド	27,803
4	イギリス	2,126	日本	6,673
5	フランス	2,018	★ ブラジル	6,074
6	★ 中国	1,932	★ ロシア	5,870
7	イタリア	1,681	イギリス	3,782
8	スペイン	1,180	ドイツ	3,603

知っておきたいポイント

BRICsの為替市場への影響

BRICs 各国は人口規模が大きいため、所得水準が高まれば国内消費が爆発的に伸び、GDP が拡大する。こうした経済成長に伴い、同諸国の為替レートが上昇することは十分考えられるだろう。

また、先進国の為替レートが相対的に下落する中、BRICs の内需拡大が強まれば、先進国から同諸国への輸出が拡大し、為替市場に影響することが予想される。為替取引を行う人が BRICs に注目するのはそういうわけなのだ。

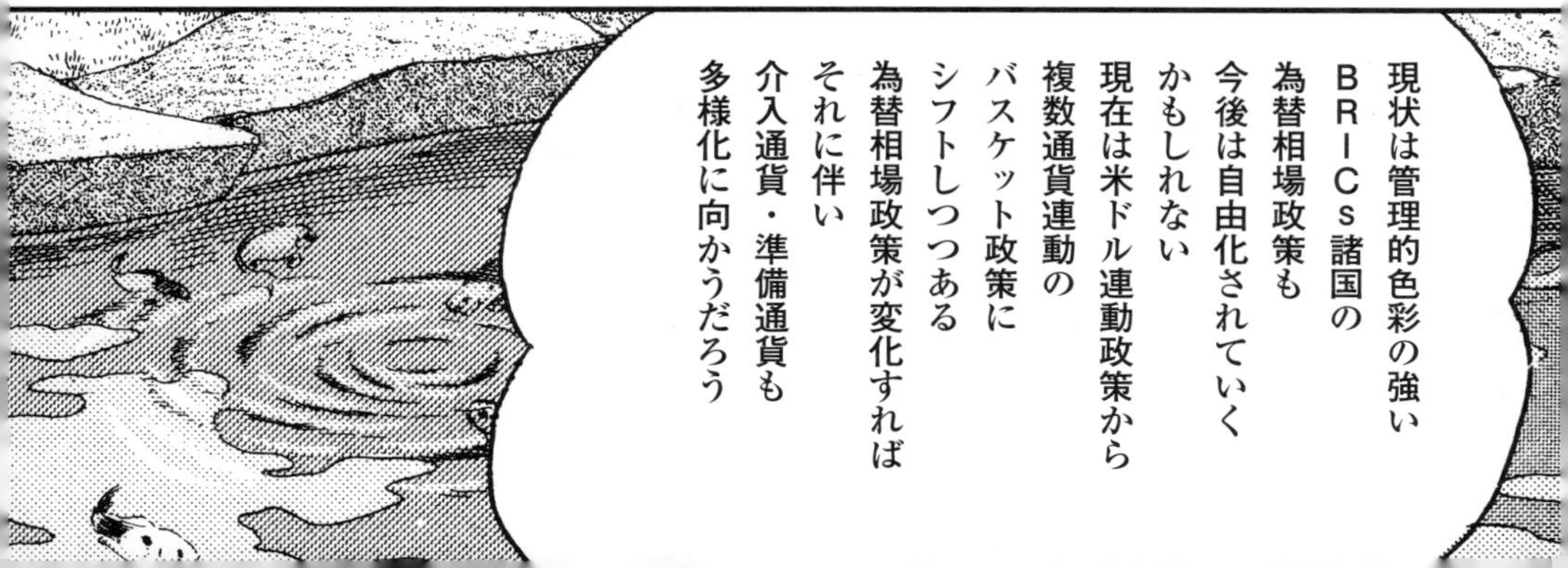
現状は管理的色彩の強い
BRICs諸国の
為替相場政策も
今後は自由化されていく
かもしれない
現在は米ドル連動政策から
複数通貨連動の
バスケット政策に
シフトしつつある
為替相場政策が変化すれば
それに伴い
介入通貨・準備通貨も
多様化に向かうだろう

オイルマネーで力をつけた イスラム金融入門

●キーワード
イスラム金融／イスラム法（シャリア）／原油・鉱物資源産出国

２００８年７月11日、ニューヨーク商業取引所でＷＴＩ原油価格は、１バーレル（＝約１５９リットル）が１４７ドル27セントに達した。世界では１日で８５００万バーレル以上の原油を消費する。２００２年ごろには20ドル前後だった同じ商品が７倍になったことを考えると、どれほどの余剰金が産油国に流れ込んだのだろうか。

　これらの利益は、産油国の経済状況を激変させた。セレブ用のリゾート島や超高層ビル、超高級ホテルの建設ラッシュなど、耳にする景気のいい話は中東やロシア、南米のベネズエラなど**原油・鉱物資源の産出国**からばかりだ。そし

イスラム金融の特徴

リバーの禁止
リバーとは貸付に対する利子のこと。「何らの役務を伴わず、時間が経過するだけで資産を増殖させる＝利息を得る」ことを寄生的な行為とみなし、禁止されている。

利益分配制度
資金を持つ者が事業者に対して投資し、事業者が成功をおさめた場合、あらかじめ合意した割合に従って利益を配分する。この行為はよしとする。

退蔵の禁止
事業として投資を受けたにもかかわらず、それを使わずに保管することは禁止されている。資金は生産に向けて使われるべきであり、その方向に進む事業努力をしなければならないという考えに基づいている。

喜捨
イスラム金融において喜捨とは税金のこと。年収と金融資産に課せられるもので、何もしなくても一律で課せられる。このため事業者は資金を動かし利益を出さないと目減りするため、生産活動をせざるを得ない。

主なイスラム金融取引
- ●信託金融（ムタラバ）
- ●出資金融（ムシャラカ）
- ●商品売買契約～マークアップ契約（ムラバハ）
- ●リース金融（イジャーラ）
- ●銀行間取引（コモディティ・ムラバハ）
- ●短期国債（サラーム・コントラクト）
- ●中期国債（スクーク・イジャーラ）

イスラム金融サービスは、既に一般の金融取引に劣らない内容になっている。

イスラム金融とはいえども、利用者はイスラム教徒だけとは限らない

マレーシアでは「イスラム金融利用者の7割が非イスラム教徒」という調査結果も出ています
中東においてイスラム金融は主要マネーとして着実に勢力を拡大しているんです

て、潤沢な資金は新たな運用先を求めて世界中に流れ出した。

しかし、中東の産油国の多くはイスラムの教えに基づく**イスラム法**（シャリア）の戒律《かいりつ》に基づいた金融取引を行う。これを**イスラム金融**という。イスラム金融では、通常の金融取引では考えられないことが多々ある。例えば、イスラムの教えでは金利の徴収は許されていないし、豚肉や酒、たばこ、武器、ポルノ、賭博《とばく》に関連する取引も認められていない。

しかし、デリバティブ商品は、考えようによっては賭博だし、たばこの宣伝をする会社へ融資することの是非など実際の線引きは曖《あい》昧《まい》な部分もある。

本格的なイスラム銀行の誕生は1975年。今後、欧米の金融とどう関係を築くのかが注目される。

知っておきたいポイント

注目したい、イスラム金融の動向

イスラムの戒律を守りながら、ムラバハ、イジャーラ、サラーム·コントラクトといった実物を介した取引や、ムタラバ、ムシャラカといった事業投資を通した取引が開発されてきた。これまではイスラム社会の中だけで回っていた資金が、いまや一説では7000億ドルの規模で、さらに毎年２桁の勢いで増大しながら、広く非イスラム社会へも流れ出ているのである。

2007年以降には、イスラム圏の資金が米系の大手金融機関を買収する動きも出てきた。イスラム金融は今後ぜひ意識しておきたいキーワードである。

環境問題と環境ビジネス

●キーワード
外部不経済／排出権取引／市場／温暖化対策

環境問題の克服は、21世紀の人類全体の課題だ。

18世紀の産業革命以降進行してきた環境汚染は、経済学では「**外部不経済**」の代表例といわれている。

工場などが、環境対策のために浄化装置を取り付けることは生産コストの上昇に結びつく。利益追求を考えたとき、企業側としてはできれば避けたいと思う理由だ。このため、国や地方は法律などを作って、半ば強制的に環境対策を生産のルールに取り入れてきた。

しかしながら、地球は1つだ。環境基準の厳しい国の企業は、環境基準の緩い国の企業と比べ、経営上、不利な立場になってしまう。

実際、多くの企業が、環境基準の厳しい日本やヨーロッパから中国などへ工場を移しているが、これでは環境問題の解決にはならない。

そこで、世界中が集まって21世紀の経済の発展と環境との整合性のルール作りをしようというのが、京都議定書をはじめとする国際的な環境問題の枠組み作りだ。

これらの取り組みは、各々の国の国力として評価され、中長期的には貿易や投資を動かし、外国為替相場にも影響を与える可能性がある。このことを考慮しておく必要があるだろう。

環境問題は技術の問題だけではなく、経済や経営の問題でもある

け　経済原理に
組み込む？
そうだ
仮に技術が
発達したとしても
国や企業が動かない限り
解決しないだろう

知っておきたいポイント 環境対策と経済への影響

まず最初に始まったのが、地球温暖化問題だ。炭素税などの環境税は、今まで外部不経済であった環境を経済原理の中に組み込み、環境問題に取り組めば取り組むほど企業や人が得をするという市場性を持たせる点が画期的だった。

2009年に発足したアメリカのオバマ政権は、世界基準の環境対策の枠組み作りに参加する方針を示している。中国やインドなどの新興国もルールに参加せざるを得なくなり、世界は環境を経済性の中に取り込むことになるだろう。

今後は排出権取引市場の発展、原油や鉱物資源の高騰なども、リサイクルや低燃費など環境問題への取り組みの価値をますます高めることになるだろう。

環境問題　注目のテーマ

電気自動車	●自動車各メーカーは環境負荷低減への意識の高まりなどから次世代エコカーの開発を強化 ●リチウム電池を搭載する電気自動車は2009年に発売予定 ●外部電源で充電するプラグインハイブリッド車も2009年末までに販売を開始する計画
原子力発電	●原子力発電は化石燃料を使う発電と比べると環境への負荷が低いとされており世界的に需要が拡大している ●今後20年間で、150基以上の原発建設が計画されているという
太陽光発電	●省エネやCO_2削減ニーズの高まりを背景に、2010年の世界市場規模が1万メガワットに拡大するという見込みもある(2007年比3倍) ●政府は太陽光発電の導入量を2020年に現状の10倍、2030年には40倍に引き上げる目標を発表。家庭用の太陽光発電に対する補助金復活が決まっている
風力発電	●業界団体の世界風力会議によると、2007年の世界風力発電容量は過去10年で12倍に拡大。2012年にはさらに2.5倍になる見通し

為替に環境問題は関係ないと思うかもしれないが、こうした問題に対する取り組みの姿勢が国の評価につながり、ひいては経済に影響するんだ。

物価がわかれば為替が見える

●キーワード
金利／物価／企業物価指数／CRB指数

物価と金利と為替

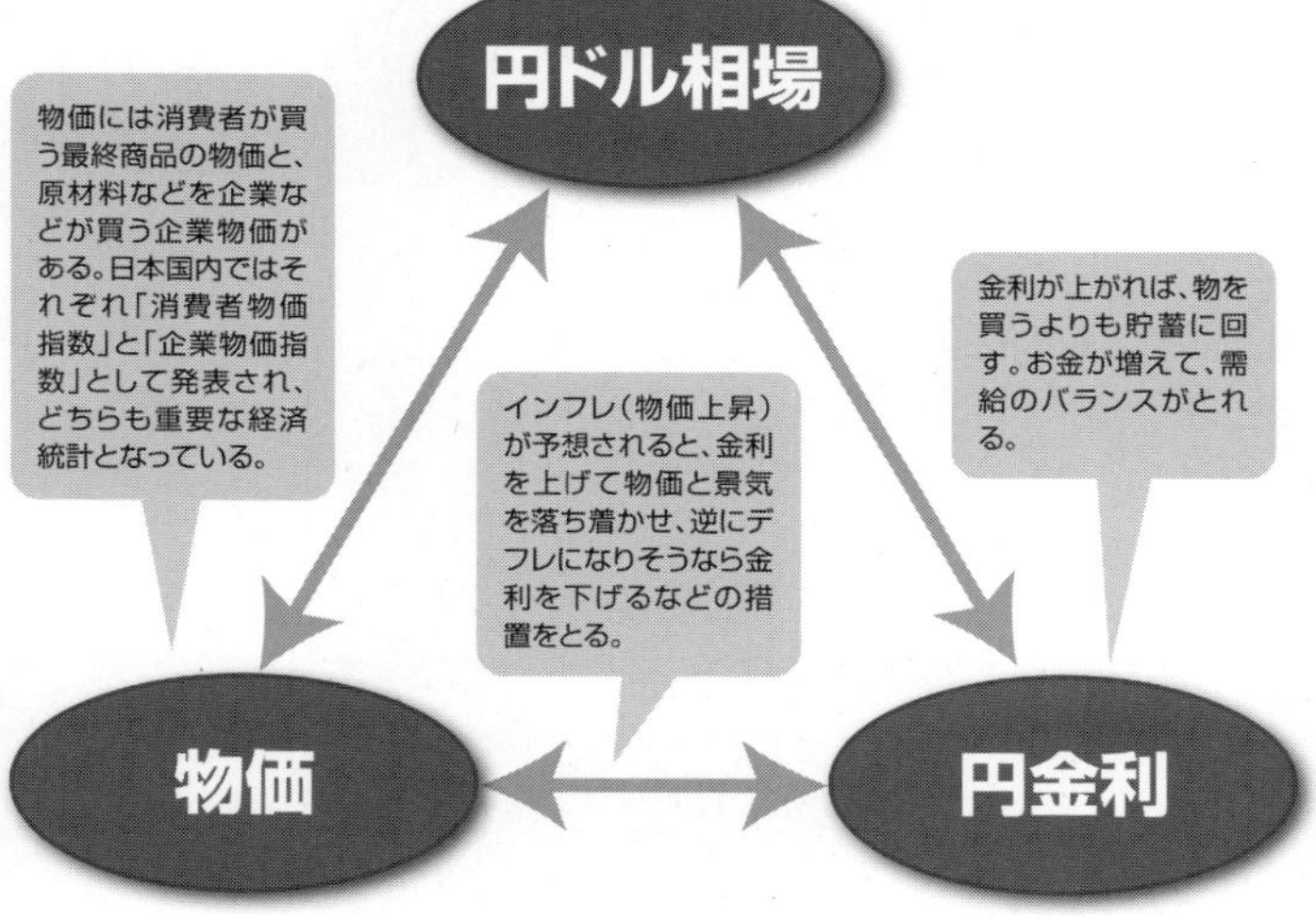
円ドル相場
物価
円金利
物価には消費者が買う最終商品の物価と、原材料などを企業などが買う企業物価がある。日本国内ではそれぞれ「消費者物価指数」と「企業物価指数」として発表され、どちらも重要な経済統計となっている。
金利が上がれば、物を買うよりも貯蓄に回す。お金が増えて、需給のバランスがとれる。
インフレ（物価上昇）が予想されると、金利を上げて物価と景気を落ち着かせ、逆にデフレになりそうなら金利を下げるなどの措置をとる。

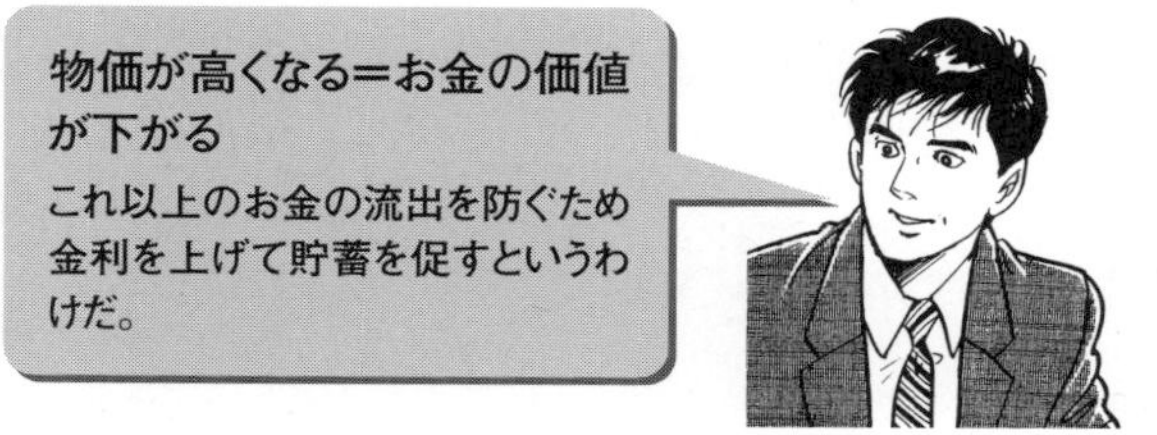
物価が高くなる＝お金の価値が下がる
これ以上のお金の流出を防ぐため金利を上げて貯蓄を促すというわけだ。

金利は外国為替相場に大きな影響を与える。では、金利に最も影響を与えるものはなんだろうか。

そのひとつが**物価**だ。なぜなら、各国の中央銀行の大きな役割のひとつは、物価の安定だからだ。

インフレが起こる、つまり、物価上昇が起こると予想されるのであれば、中央銀行は金利を上げて物価と景気を落ち着かせようとする。逆に物価が大きく下落し、デフレ状態になりそうであれば、金利を引き下げるなどの金融緩和措置をとるのが通常だ。

物価が高くなることは、お金の価値が下がってしまうことを意味する。特に物価上昇率よりも金利が低ければ、お金の実質的な価値が減ってしまう。そうなると、多くの人が貯蓄するよりも物を買おうとするだろう。需要が増すわけだ。

これを放っておけば、物価はどんどん上昇傾向になってしまう。そこで、中央銀行は金利を上げるなどの金融の引き締め政策を行うのだ。それによって物を買うよりも貯蓄に回すお金が増え、需給のバランスがとれ、物価が安定するというわけだ。

物価はいろんな要因で決まっていく。穀物であれば天候が重要になるし、人口の増加は食生活の変化にも影響を与える。原油であれば、ＯＰＥＣなどの産油国側の生産調整なども気になるところだ。

世界的に注目されるCRB指数の推移(1971年1月～2008年6月)

CRB指数(Reuters Jefferies CRB Index) 月末値1971年1月～2008年6月
CRB指数は総合的な国際商品市況を表す指数で、金融市場関係者の間ではインフレの指標的な存在となっている
450.00
400.00
350.00
300.00
250.00
200.00
150.00
100.00
50.00
1971年
1975年
1980年
1985年
1990年
1995年
2000年
2005年
2008年

CRB…1957年にこの指数を開発したCommodity Research Bureau社の頭文字をとったもの。2005年にロイター社に買収された。

世界的な物価指数として最も注目されているのが、CRB指数（ロイター・ジェフリーズ指数）と呼ばれるものだ。これは、原油、燃料油、天然ガス、ガソリン、金、銀、銅、白金、トウモロコシ、大豆、小麦、綿花、牛肉、豚肉、コーヒー、ココア、オレンジジュース、砂糖といった、なくてはならないものの最新の価格動向を考慮して構成されている。

世界経済を動かすヘッジファンドの実態

ヘッジファンドに依頼するには1000万円くらいの資金が必要や会社によって異なるから何ともいえんが…
我々庶民とは縁の遠い話やな
そうでしょうか…
例えば大豆の卸値が上がったのもヘッジファンドがトウモロコシに巨額の投資をして大豆が減産になったからですよ
そうか市場への影響は無視できんな
彼らの動きに僕らはいつも振り回されるんですよねぇ
資金がでかいだけに影響力もでかいんだよな…

●キーワード ハイリスク・ハイリターン／レバレッジ効果

ヘッジファンドは、つねにその動向が注目されているが、明確な定義が存在しない。あえていえば、投資信託のひとつだ。2008年8月時点での総資産は約2兆ドルと推測されている。この金額は実は世界中で運用されている金融資産の1%程度と小さい金額でしかない。では、なぜこれだけの注目を集めるのだろうか?

ヘッジファンドは、世界的な富裕層、機関投資家などが数億円単位で莫大な資金を出し、**ハイリスク・ハイリターン**の運用をするのが特徴だ。特にデリバティブなどの金融派生商品を使い、**レバレッジ効果**を狙って、実際の運用資産の何倍、時には何百倍もの資金力と同じ影響力をもって市場に参加してくる。

そして、比較的短期間に莫大な利益を上げるのだ。レバレッジ効果で実際の資金よりも遥かに大きな金額を動かす上に、短期間に売買を何度も繰り返すため、その影響力は甚大なものとなる。

１９９０年代に、ジョージ・ソロス氏率いるクォンタムファンドが注目され、その後も低金利時代を背景に２００３年ごろから急速に数を伸ばし、設定本数も1万本近くになったといわれている。

低金利の時代に、運用利回りが年１００％と2倍以上になることも珍しくなかった。原油や穀物市場の値上がりもヘッジファンドの影響は無視できないし、為替市場はもちろん、株式、債券市場から企業買収まで、今はここが儲かると思えば大量の資金が一気に流れ込み、また流出していく。

しかし、２００８年秋の金融危機で多大な損失を被り、その勢いは急速にしぼんだといわれているが、本当にそうだろうか？

ヘッジファンドが息を吹き返す日は、遠い未来のこととは思えないのである。

金融危機で
多くの資金が一時的に
安全確実なところに
逃避しているのかもしれない

知っておきたいポイント

ヘッジファンドの購入方法が知られない理由

ヘッジファンドの購入はファンド会社への送金と申込書の送付で行うことができるが、これを知っている人は案外少ないといわれている。なぜだろうか？

実は、海外のヘッジファンドは金融庁の認可を受けていないため、広告や勧誘を日本国内で行うことができないのである。このためヘッジファンドを購入するためには、購入希望者側が自分の意思でアクセスする必要がある。つまりヘッジファンドの購入方法は、自ら動く人にだけ伝わるというわけだ。

こうした閉鎖性やリスクの高さが、富裕層や世界的な投資家にアピールしているのかもしれない。

サブプライムローンが必要だったアメリカ経済

●キーワード
サブプライムローン

サブプライムローンを扱う業者のビジネスモデル

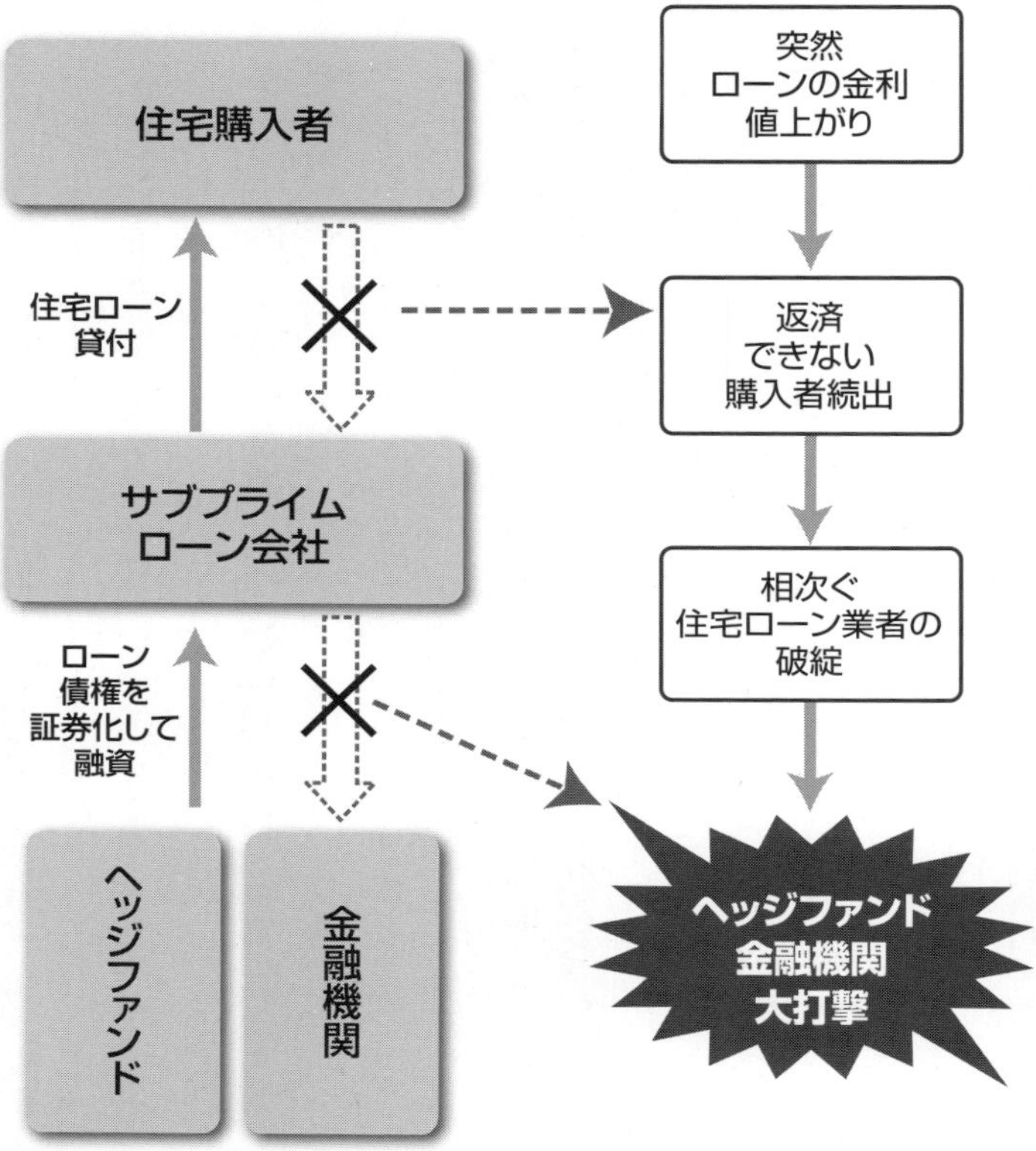
住宅購入者
住宅ローン
貸付
サブプライム
ローン会社
ローン
債権を
証券化して
融資
ヘッジファンド
金融機関
突然
ローンの金利
値上がり
返済
できない
購入者続出
相次ぐ
住宅ローン業者の
破綻
ヘッジファンド
金融機関
大打撃

知っておきたいポイント

サブプライムローンとは何か

　サブプライムローンは、低所得者向け住宅ローンと説明されることが多い。今まで住宅を買えなかった低収入の人にも、家を持てるようにしたわけだ。これによってアフリカ系アメリカ人やヒスパニック系アメリカ人など多くの人がマイホームを持てた。

　しかし、住宅の担保価値が上がり続けることを前提としていたシステムは破綻を来し、多くの住宅が差し押さえられ、ホームレスになった人も多い。マイホームはローンを返し終わった時にマイホームになるのであって、銀行からローンを借りている以上、マイホームではなくバンクスホームなのだ。

証券を購入した投資家はローンの元利金を受け取る権利を持つがローンの返済が滞った場合には損失を負担することになる
住宅ローンの証券化によってローン会社はローンに伴うリスクを投資家に移すことができ投資家は新たな運用先を確保できるようになったんだ

今まで住宅が買えなかった層にも住宅を買ってもらえばアメリカ経済の成長に寄与する。**サブプライムローン**は、ブッシュ政権がそのように考えた上での経済政策だった。低い年収でもローンを返せる期間は当初の数年間で終わり、その後は、住宅ローンの金利がハネ上がるのだ。

それでも、住宅価格が上がっていれば、担保価値が上がり、なんとかやり繰りできるシステムだったが、最近では担保価値が下がったからと、きちんとローンを返しているにもかかわらず、返済金額をさらに増やせと要求されて家を手放す人もいる。おかしな話だ。

ブッシュ前大統領は、より多くの人が住宅を買えるようにしたいのであれば、そういう人たちの収入が上がるような政策を行わなければならなかったのではないか。

ローンを貸した側は、住宅価格が右肩上がりであることが前提であるというハイリスクな本質がわかっているから、証券化して売却し、リスクを他に移転させてしまう。そして、自らは儲けの鞘《さや》を抜いて利益を確定させる。

世界の金融機関は超低金利のもとで、他よりも金利が良かったというだけで多大なリスクを受け入れてしまったのだ。格付け機関も、リスクのあるものを少しずつ組み合わせることによって格付けを高く設定し、安全な証券のように見せかけて、この件に加担した。

サブプライムローン問題は、欧州を代表するフランスの大銀行BNPパリバ銀行が問題の発端となって表面化した。いつの間にか問題は世界中に伝播《でんぱ》していたのだ。

次の時限爆弾はCDS!?

●キーワード
CDS(Credit default swap)

CDSのしくみ

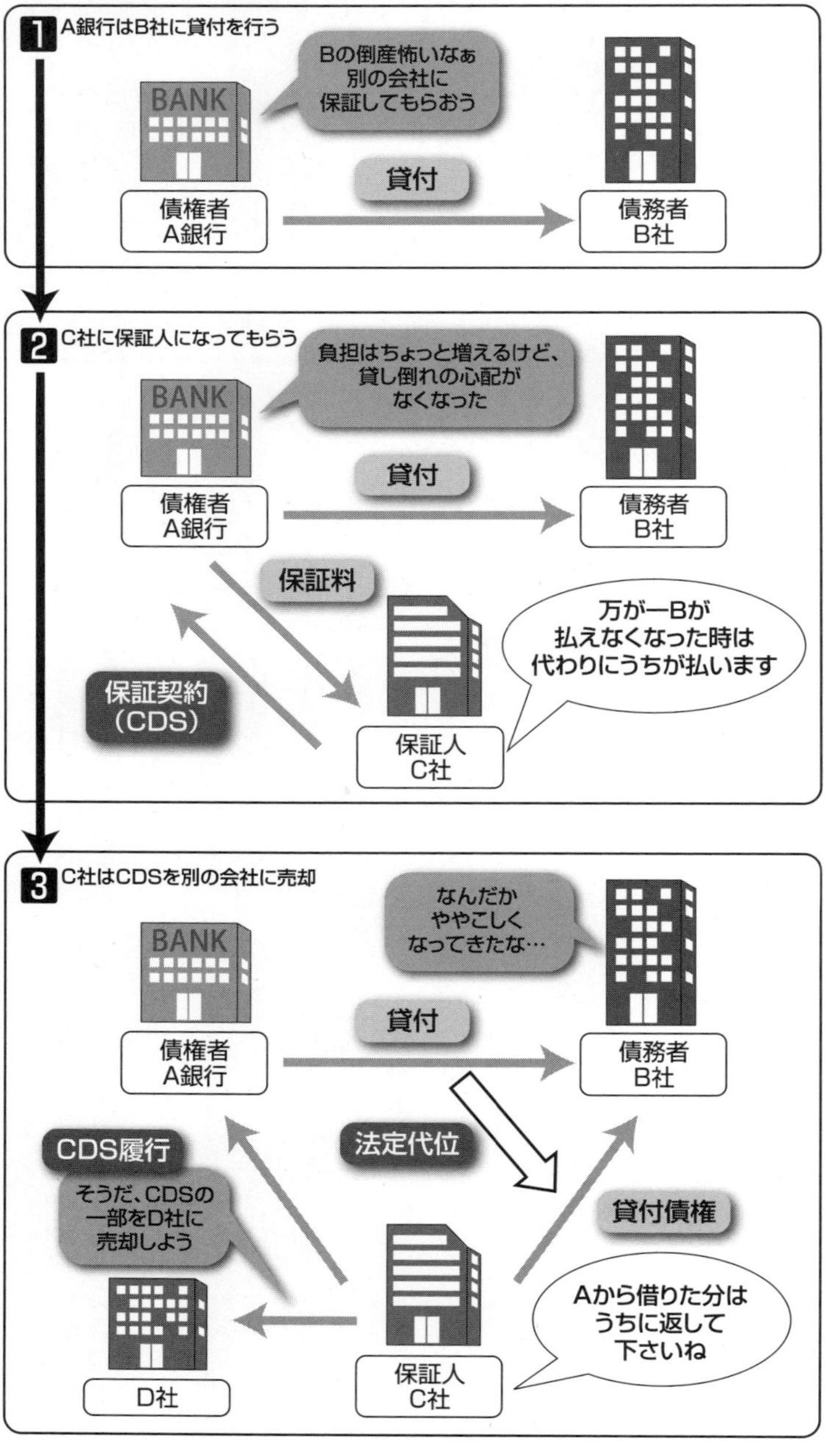
1 A銀行はB社に貸付を行う
Bの倒産怖いなぁ
別の会社に
保証してもらおう
BANK
貸付
債権者
A銀行
債務者
B社
2 C社に保証人になってもらう
負担はちょっと増えるけど、
貸し倒れの心配が
なくなった
BANK
貸付
債権者
A銀行
債務者
B社
保証料
万が一Bが
払えなくなった時は
代わりにうちが払います
保証契約
(CDS)
保証人
C社
3 C社はCDSを別の会社に売却
なんだか
ややこしく
なってきたな…
BANK
貸付
債権者
A銀行
債務者
B社
法定代位
CDS履行
そうだ、CDSの
一部をD社に
売却しよう
貸付債権
Aから借りた分は
うちに返して
下さいね
D社
保証人
C社

外国為替市場だけでなく世界経済に今大きな影響を与える危険性のあるものとして注目されているのがＣＤＳだ。多くの専門家が、サブプライムローンよりも深刻な問題になるかもしれないと指摘する。**ＣＤＳとはクレジット・デフォルト・スワップ**（Credit default swap）のことで、債権のリスクを保証してもらう取引のことだ。保険や保証人のようなものである。

例えばＡ銀行がＢ社にお金を貸しているとしよう。Ａ銀行には、貸した金が返ってこないリスクがある。そこで、Ａ銀行はＣＤＳの売り手であるＣ社に保証料（プレミアム）を払って保険、保証人になってもらう。万が一、Ｂ社が破綻し、債務不履行になってしまった場合、事前に取り決めたルールに従って、Ｃ社はＡ銀行に保証をするというものだ。通常は５年の契約が多く、１年ごとや四半期ごとに保証料（プレミアム）を払う。

注意してもらいたいのが、Ａ銀行にＣＤＳを売ったＣ社は、これを最後まで全て持ち続けるばかりではない、ということだ。その一部や全部を別のＤ社に売却してしまうということも十分ありうる。こうなると、Ｂ社の倒産や債務不履行が、直接は貸し借りのないＣ社とＤ社の間の問題になってしまったりする。つまり、Ｃ社とＤ社での取引は、Ｂ社の破綻可能性を算出して値決めがされる。こうして、Ｂ社のリスクの取引が、クモの巣のように市場に広がっていってしまうのだ。

知っておきたいポイント

サブプライムより怖い!? CDS市場の崩壊

危険性の高さで注目されているこのCDSの取引も、アメリカが中心だ。その残高は2004年には８兆ドルだったのが、2007年末には62兆ドルにまで急増したといわれている。つまりアメリカのGDP約13兆8000億ドル（2007年名目GDP※）の４倍以上に当たる莫大な市場となったのだ。ちなみに、日本国内でもCDSは8100億ドル（2007年６月末現在）の残高があるといわれている。

経済が良好で破綻もなく債務が返済されていけば、CDSの売り手は保険料の収入が入り大きな収益源となる。しかし、世界的な信用不安の中で、CDS市場が崩壊の危機となると、ひとつの大きな破綻がクモの巣上のさまざまな金融機関や会社の破綻につながっていってしまう可能性も考えられるだろう。

※日本のGDPは４兆3838億ドル＝515兆円

主要各国の景気浮揚対策

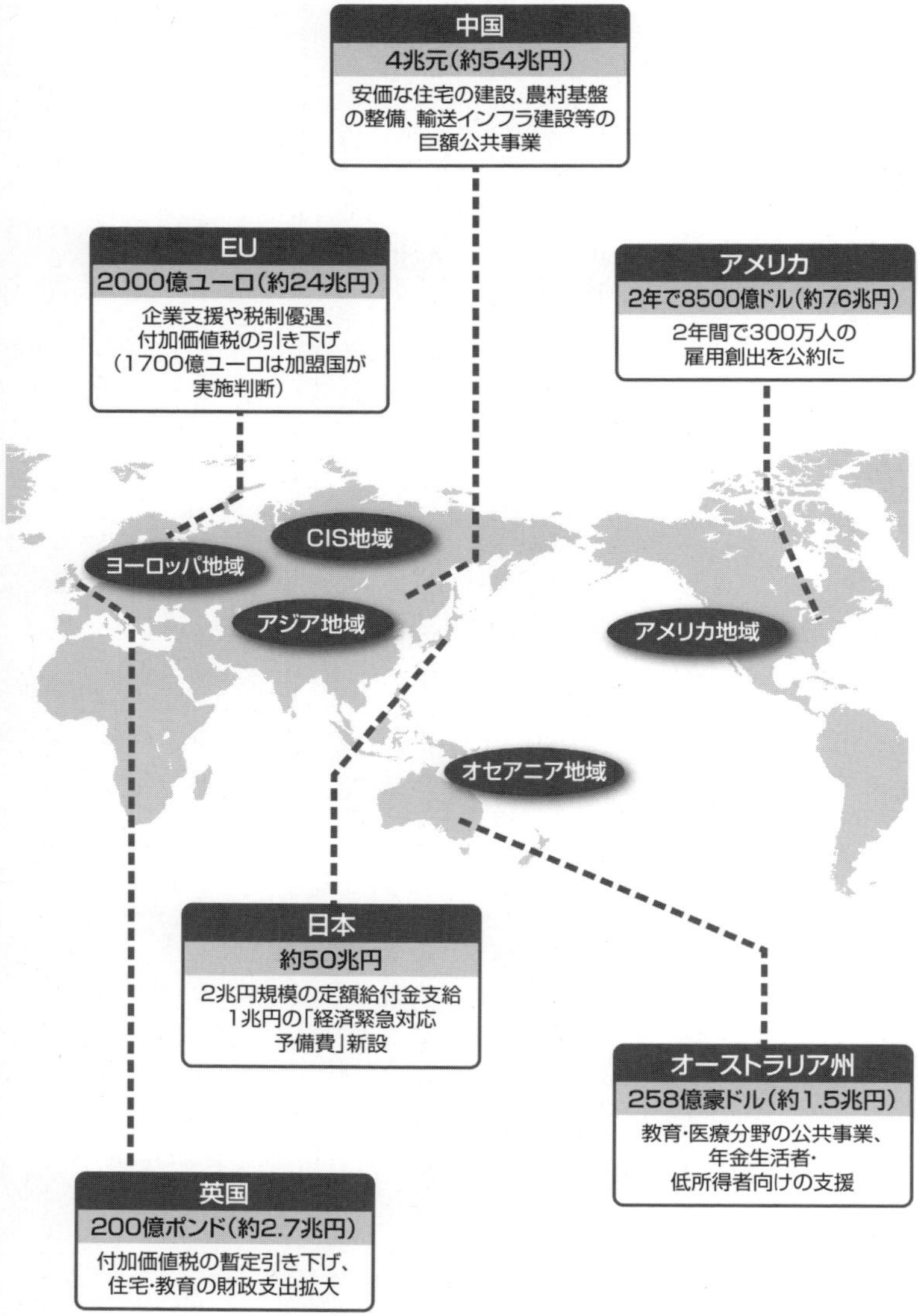
中国
4兆元（約54兆円）
安価な住宅の建設、農村基盤の整備、輸送インフラ建設等の巨額公共事業
EU
2000億ユーロ（約24兆円）
企業支援や税制優遇、付加価値税の引き下げ（1700億ユーロは加盟国が実施判断）
アメリカ
2年で8500億ドル（約76兆円）
2年間で300万人の雇用創出を公約に
CIS地域
ヨーロッパ地域
アジア地域
アメリカ地域
オセアニア地域
日本
約50兆円
2兆円規模の定額給付金支給
1兆円の「経済緊急対応予備費」新設
オーストラリア州
258億豪ドル（約1.5兆円）
教育・医療分野の公共事業、年金生活者・低所得者向けの支援
英国
200億ポンド（約2.7兆円）
付加価値税の暫定引き下げ、住宅・教育の財政支出拡大

2009年1月5日現在　為替は各報道発表時点

出所：日経新聞等各種資料
みずほインベスターズ証券

サブプライムローンは
善意の経済政策ではない
低所得者のさらなる消費を
あおって一層の経済拡大を
図ろうという政策だ

資本主義はつねに
経済成長が求められる
それはつまり
どんどん物を買い
消費していくことを
求められる
ということだ

世界中から借金をして物を買い続けるアメリカの個人や国家自体のシステムについて、疑念が沸き起こっている。

アメリカは、貿易収支の赤字国である。これは、世界中から物やサービスを輸入し、買い続けていることを示している。こうしてドルはどんどん世界中に流れていく。日本や中国など、多くの国がアメリカに物を売って自国の経済の発展を実現してきた。

それでは世界中に流れたお金はどうなったのだろうか。実は、お金はそのまま滞留することなくアメリカに戻っているのだ。

例えば、アメリカの国債を買う、アメリカの株式を買う、アメリカの不動産を買う……という形でアメリカに戻った。こうして、ドルはアメリカに**還流**し、ドルの価値は保たれる。

サブプライムローンの債権は世界中の機関投資家が購入した。サブプライムローンで住宅を購入した人のお金の出し手は、世界中の機関投資家や個人から集めたお金だったのだ。

借金をして家を建て、車、家電、家具、パソコンを買う。自らの収入以上に借金をして物をどんどん買った。

借金してでも買ってくれることで、世界中は潤った。しかし、その借金のお金も世界中から借りた金なのだ。アメリカにお金を貸すことはリスクがある、と市場関係者が思い始めると、アメリカからはどんどんお金が流出し、ドル安となっていく。

ドルの暴落にまでつながる可能性を指摘する人もいるが、それは、アメリカにお金を貸している側にとっても悲惨だ。ドルが安くなれば、ドル建ての資産価値が下がることを意味するのだから。

Column

取引市場の主役になりつつある政府系ファンドの行方

世界の主要な政府系ファンド

ファンド名	国名	設立年	資金源	資産（億ドル）
アブダビ投資庁	UAE	1976年	原油	6,270
政府年金基金	ノルウェー	1990年	原油	3,260
クウェート投資庁	クウェート	1953年	原油	2,028
中国投資有限公司	中国	2007年	外準	1,900
テマセク・ホールディングス	シンガポール	1974年	財政	850
カタール投資庁	カタール	2003年	原油	620
アラスカ永久準備基金	米国	1976年	原油	267
ブルネイ投資庁	ブルネイ	1983年	原油	300
カザナ・ナショナル	マレーシア	1993年	財政	231

2009年現在

最近、政府系ファンド（SWF Sovereign Wealth Fund）という言葉を耳にするようになった。政府系ファンドの明確な定義はまだないのだが、一般的には、政府や政府系機関が自国の外貨収入の運用を行うために設立したファンドのことをさす。政府は直接的、あるいは間接的に運用を行い、公的機関の資産運用ということだけであれば、日本の公的年金の運用なども入る。意外に思われるかもしれないが、年金は、国内外の株式債券などで広く運用されているのだ。

しかし、近年注目されているのは、比較的安定的で流動性のある資産で運用するだけでなく、ハイリスクな投資を積極的に行っているものをさすことが多い。これらの中には、原油や穀物など、一次産品の価格上昇によって得た利益を運用する商品系ファンドや、外貨準備などを原資として運用するファンドなどがある。

政府系ファンドの成長は目覚しく、資産規模は、2兆ドル

ファンド数と資産規模の推移

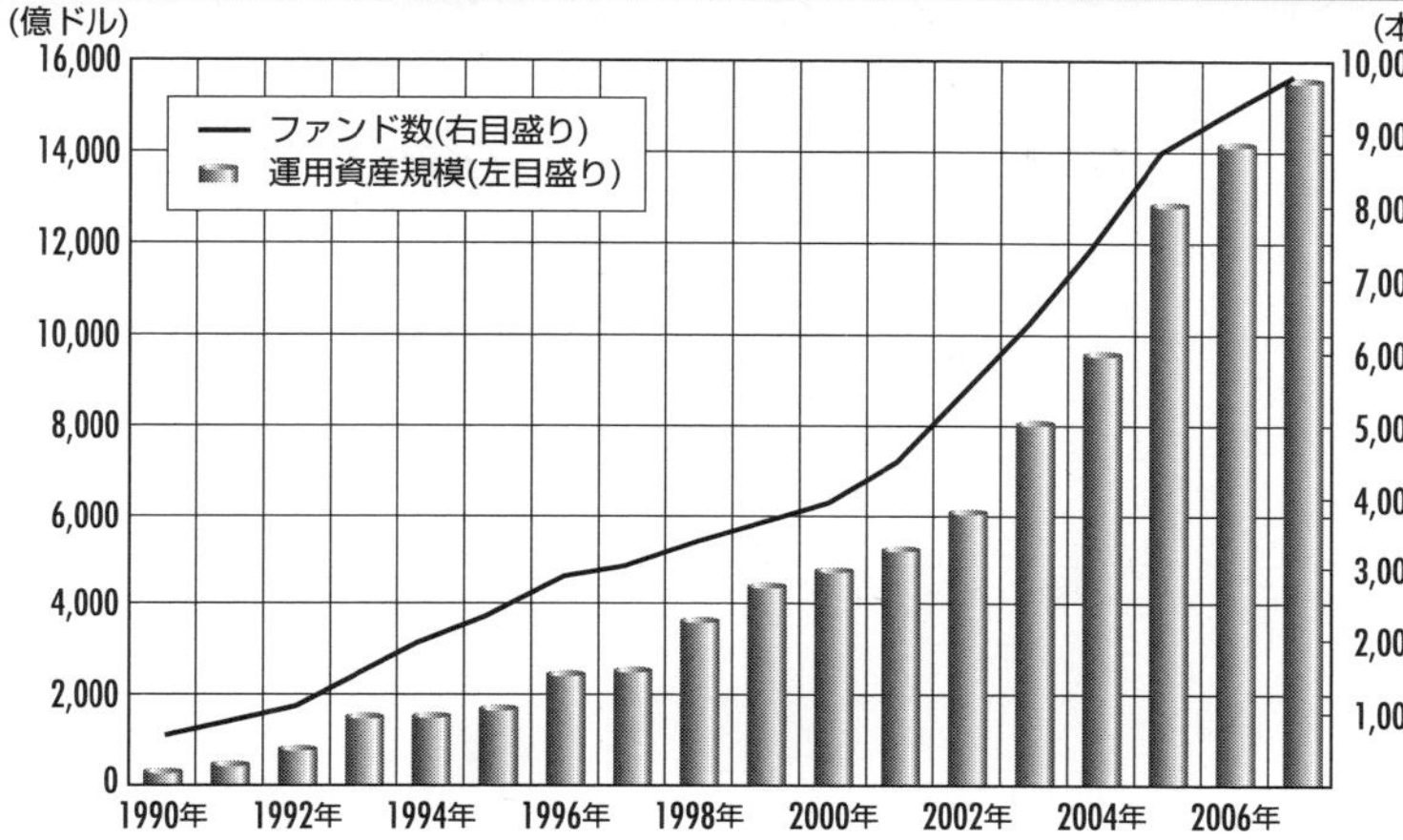

(注)2007年は3月末時点　(出所)ヘッジファンド・リサーチ

から3兆ドル規模で急激に拡大している。主なものは別表を参照して頂きたいが、特筆したいのは、ヘッジファンドや大会社の買収などに投資されているものもある、ということだ。政府系ファンドがこれだけ注目されるのは、その運用が利潤追求の市場原理から離れ、国家の方針、つまり政治的目的の影響を受けて資産運用されるケースもあるからだ。さすがに国家戦略に基づく経済活動の可能性となると、無視できないだろう。

相次ぐ経営難から、欧米の金融機関は次々と政府系ファンドの投資を受け入れている。モルガンスタンレーは中国投資有限公司から、シティバンクはアブダビ投資庁から、ＵＢＳはシンガポールや中東から、さらにメリルリンチは、クウェート投資庁、韓国投資公社からの投資を受けている。こうした政府系ファンドが次々と何十億ドル単位の出資を行い、世界中に衝撃が走った。いったいこれがどういう意味合いを持つのか、政府系ファンドの今後の動向には十分注目しておきたい。

1991年〜2008年の為替相場の歴史

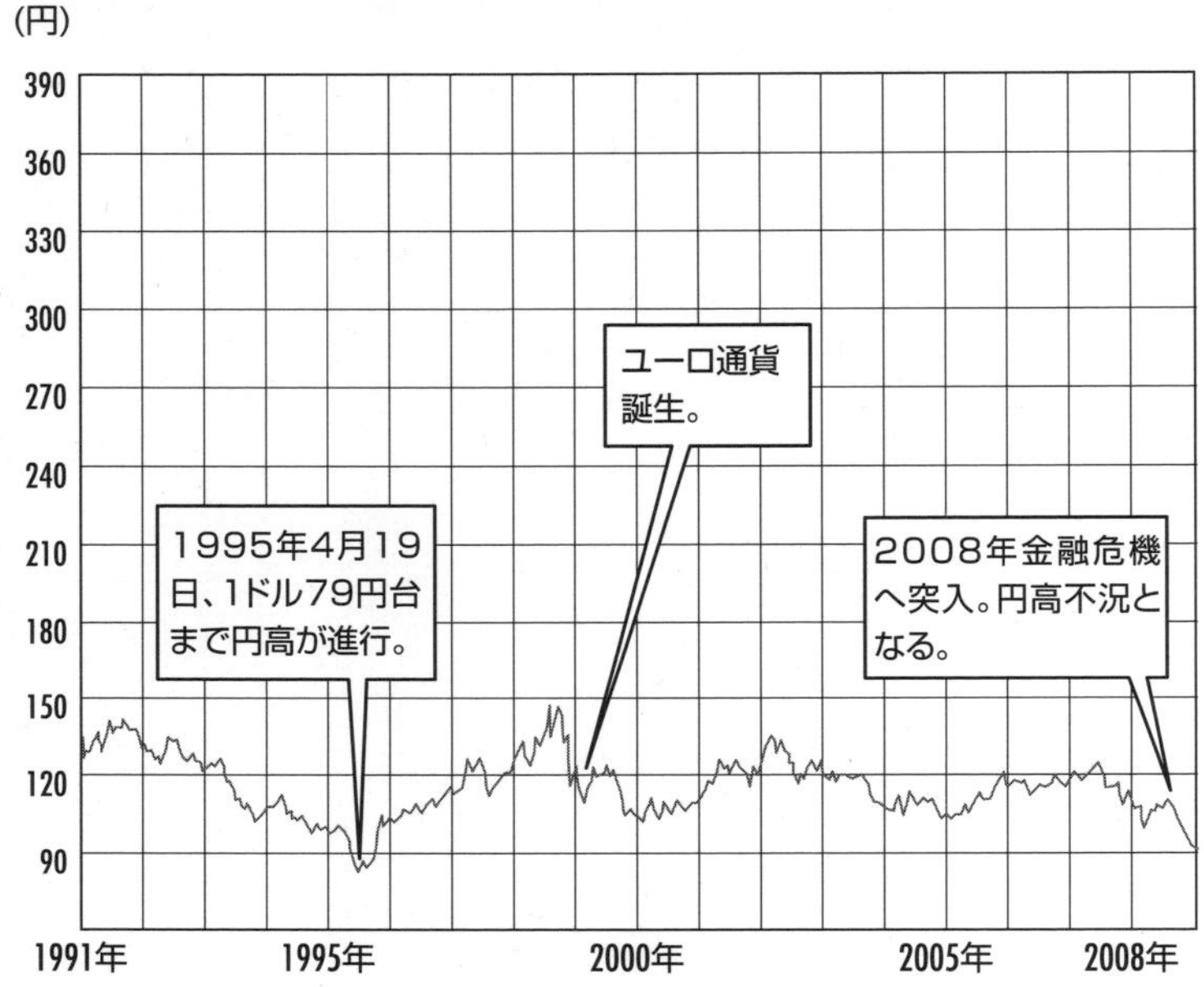
(円)
390
360
330
300
270
240
210
180
150
120
90
1991年
1995年
2000年
2005年
2008年
1995年4月19日、1ドル79円台まで円高が進行。
ユーロ通貨誕生。
2008年金融危機へ突入。円高不況となる。

外国為替は、経済のファンダメンタルズ（基礎的要件）の変化によって動いていく、経済の実態を表すものだといわれる。しかし、実際は必ずしもそうでないことも多くあった。ここでは、１９７０年代以降に起きた為替相場を大きく動かした諸々の出来事を追いながら、円相場の歴史を振り返ってみよう。

〜１９７０年代

戦後続いた1ドル＝３６０円という固定相場制度時代には、日本はその恩恵に与《あずか》ってアメリカを中心にさまざまな製品を輸出して利益を得てきた。そして、日本は高度経済成長を遂げた。

ところが、１９７１年8月15日、当時のアメリカ大統領リチャード・ニクソンが、通貨の固定相場制度と、ドルと金《きん》の交換を停止すると発表した。これにより、ドルは金という実物の裏付けを持った通貨でなく、まさに紙幣となった

1971年～1990年の為替相場の歴史

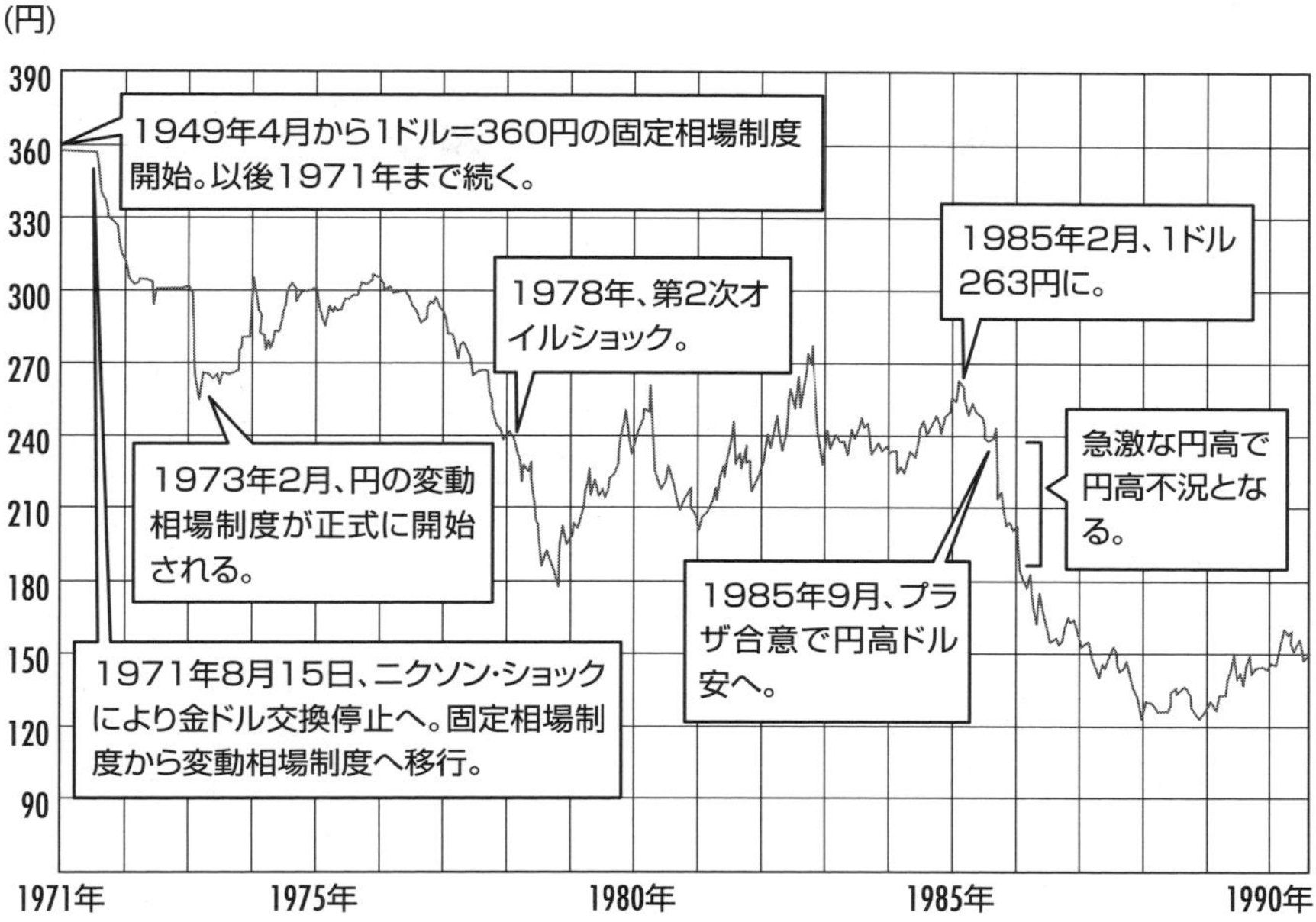
(円)
390
360
330
300
270
240
210
180
150
120
90
1971年
1975年
1980年
1985年
1990年
1949年4月から1ドル=360円の固定相場制度開始。以後1971年まで続く。
1971年8月15日、ニクソン・ショックにより金ドル交換停止へ。固定相場制度から変動相場制度へ移行。
1973年2月、円の変動相場制度が正式に開始される。
1978年、第2次オイルショック。
1985年2月、1ドル263円に。
1985年9月、プラザ合意で円高ドル安へ。
急激な円高で円高不況となる。

のだ。これをドル・ショック、またはニクソン・ショックという。

当時のアメリカは、長期化するベトナム戦争への浪費などで財政赤字、日本やドイツの経済成長、国内のインフレ過熱など、課題が山積していた。これらの問題を抜本的に解決する方法として、固定相場制度の廃止を決定したのだ。１９７３年からは完全に変動相場制度に移行した。

さらに、１９７０年代は「オイルショック」が日本を襲った。それまで、モービルなどの欧米石油資本がオイルマーケットを支配していたため、１バーレル（＝約１５９リットル）が10ドル前後という時代が続いていた。しかし、安値に抑え続けられることに不満を持ったサウジアラビアやイランなど産油国が、ＯＰＥＣ（石油輸出国機構）を設立し、石油価格の支配権を握るようになったのだ。

１９７８年には第２次オイルショックが起き、この時は１バーレル30ドル以上の高値に達した。資源輸入大国の日本経済にとっては痛手であ

１９９０年代は欧州から
アジアまで多くの通貨が
外国人投資家に

各国中央銀行との戦い
ともいえるな

ると思えたが、生産方法を効率化するなどによって克服しアメリカとの貿易黒字を継続させ、為替市場は円高基調が続いた。

１９８０年代

１９８１年、レーガン大統領は、高金利政策などを用い、ドル高政策に転換した。これにより、世界中から資金がアメリカに還流するようにした。

１９８５年２月には、ドルは１ドル＝２６３円にまで達した。このことで円安となった日本は、輸出企業を中心に経済的に潤い、バブル経済の下地ができていった。

そして、１９８５年９月、ニューヨークのプラザホテルでＧ５（先進５カ国蔵相・中央銀行総裁会議）が開かれ、アメリカは各国に対し、経済の実態に見合わないドル高政策の是正を認め、急激なドル安に転じる（プラザ合意）。

この頃から、各国は為替相場の安定が経済の発展に不可欠という共通認識を持つようになり、たびたび会議が開かれるようになった（今はＧ７、もしくはＧ８という形で開催される）。

１９８９年には、対日貿易赤字対策のためにＧ７が円高を容認することになった。また、日本国内もバブル経済是正のための金利の引き上げを行い、１９９５年４月には１ドル79円台にまで到達し、超円高時代へ突入した。

しかし、いくら円高にしても対日貿易赤字は減らず、アメリカは再びドル高政策を志向し、超円高時代は終わりを告げた。

この頃から、市場を大きく動かし、莫大な利益を得るヘッジファ

為替取引は元々
貿易等で商品の売買に伴う
お金のやり取りとして
実物経済による取引よりも
投機的なものだったが
資産運用などによって
取引されるほうが
大きくなり
為替相場でも
支配的になっていった

ンドなどが台頭してくる。

1990年以降

1992年にイタリアとイギリスがヘッジファンドからの攻撃を受け、ヨーロッパ通貨制度からの離脱を余儀なくされた。

1997年には東南アジアの通貨が狙い撃ちされ、アジア通貨危機が起きる。さらにロシアにも波及し、関係各国が深刻な不況に突入すると、新興国よりも安定した安全な米ドルへの資金の流入が進むようになり、ドルは再び強くなる。

21世紀には、ユーロの登場とアメリカ経済への疑念が高まった。2001年に米国同時多発テロ、そして、米国でもトップ20に入るエンロン社を始めとする大企業の不正経理、不正取引の発覚、また、財政赤字、貿易赤字などにより、アメリカ経済に対する信頼感が大きく揺らいでしまった。そして、ドルばかりに資産を集中し運用することのリスクを、多くの投資家たちが感じ始めた。

20世紀は、世界中の余剰資金が、唯一の基軸通貨であるドル=アメリカ一国に集中する時代だった。しかし、ユーロという新たな基軸通貨の登場によって、終わりを告げた。

こうしてユーロ登場によって、アメリカからユーロへ、日本へ、そして、新たな新興国へとお金は流れていくことになった。特にBRICs（ブリックス）と呼ばれるブラジル、ロシア、インド、中国といった高い経済成長を続ける国々にも、お金が流れるようになっていったのである。

おわりに

今日も、今この瞬間も、外国為替は地球規模で取引されている。為替相場は、いわば世界経済の縮図だ。世の中の政治・経済・社会の動きは為替レートに反映され、私たちの生活環境に大きな影響を与える。つまり、このしくみを理解できれば、世の中の動きが驚くほど見えるようになるということだ。「どんな時に円高になり、どんな時に円安になるのか」それを先読みするセンスがあれば、外国為替だけでなく、株式、投資信託、不動産投資など、さまざまな市場動向が見えてくるはずだ。

本書では、円高・円安の概念にはじまり、外国為替取引に伴うリスク、最新金融商品の概要、為替相場の歴史など、市場センスを養うための知識を幅広く解説している。これ一冊を読み込めば、場当たり的ではない、本物の為替相場を読み解く力が養われ、ある程度の経済予測もできるようになるはずだ。

リーマン・ショック以降、アメリカの経済政策で株式市場がどう動くか、ＯＰＥＣ（石油輸出国機構）の決断で物価や外国為替がどちらに振れるのか、日本経済の先行きはどうなるのか――。自ら考えられるようになれば、あなたはどんな不況でも、マネーゲームを楽しめるようになるだろう。こんな時代だからこそ、「ピンチの中にこそチャンスあり」の精神を忘れず、外国為替取引に臨んでほしい。

２００９年6月　弘兼憲史

無担保コール翌日物金利　117
メキシコ通貨危機　106

や

有事のドル買い　47
ユーロ　28、64、126
ユーロの誕生　46
輸出　50
輸入　50

ら

流動性リスク　56、60
ルーブル合意　102
レバレッジ効果　84、138
ロスカット　86
ロンドン市場　42

わ

ワラント　80

ダイレクトディーリング（DD）　41
兌換紙幣　46
中央銀行　30
中国元　64
通貨価値の安定　30
通貨バスケット制度　48
デイトレーダー　88
デイトレード　88
手数料　88
デリバティブ　74、120
電気自動車　135
電子取引リスク　60
電子ブローキング　40
投機取引　50
東京市場　42
投資信託　39
ドル　28
ドル金本位制　101
ドル・ショック　101
ドルと円　28
ドルプットオプション　80
ドルペッグ制度　46、48

な

ニクソン・ショック　101
日本円　64
日本銀行　30
ニュージーランドドル　64
ニューヨーク市場　42
年金積立金管理運用独立行政法人　24

は

ハイリスク・ハイリターン　138
発券銀行　31
発行体リスク　92
バブル経済　103
風力発電　135
双子の赤字　102
プットオプション　78
不動産投資　38
プラザ合意　26、102
ブラックマンデー　103
ブレトン・ウッズ協定　46
ブレトン・ウッズ体制　100
ヘッジ売り　105
ヘッジファンド　110、138
変動相場制度　48、101
貿易取引　50
ポンド危機　111

ま

マージンコール　86

銀行の銀行 31
金融機関の格付け 62
金融取引商品 72、73
金利 62、116、136
金利変動リスク 56、58
口先介入 105
クロスレート 47
景気浮上対策 144
経済指標 54
経常収支 105
現金売相場 44
現金買相場 44
原子力発電 135
原油・鉱物資源産出国 132
公定歩合 117
豪ドル 64
コールオプション 78
国際通貨基金（IMF） 46
国際復興開発銀行（IBRD） 46
国内物価への影響 20
固定相場制度 48、101

さ

債券投資 38
財務の健全性 63
先物取引 74
サブプライムローン 140
サムライ債 92
実質成長率 52
実体経済と金融資産 50
資本取引 50
社内レート 22
証拠金 82、86
消費者物価指数（CPI） 54、136
人民元 128
人民元切り上げ 128
信用制度の保持育成 30
信用リスク 56、58
スイスフラン 64
ストップロス取引 87
スプレッド 88
スミソニアン協定 101
スワップ 74、76
スワップポイント 59、77、90
税金 60
政策金利 65、116
政府系ファンド 146
政府の銀行 31

た

対顧客市場 40
太陽光発電 135

A～Z

CDS（クレジット・デフォルト・スワップ） 142
CPI（消費者物価指数） 54
CRB 指数 137
EU 126
FF 金利 116
FX 取引 39、82
GDP 52、130
J カーブ効果 112
M&A 112
TTB（対顧客電信買相場） 45
TTS（対顧客電信売相場） 45
WPI（卸売物価指数） 54

あ

アジア通貨危機 107
イールドカーブ 118
イスラム金融 132
イスラム法（シャリア） 132
インターバンク市場 40
インターバンクレート 44
英ポンド 64
円 28
円高 16、29、112
円高対策 26
円高不況 23
円の歴史 148
円安 16
オプション 78、80
卸売物価指数（WPI） 54

か

外貨投資 38
外貨取引 38
外貨預金 38
外貨両替 18
外国為替相場 28
外為ブローカー 40
各国の通貨 64
カナダドル 64
株式投資 38
為替 36
為替交換手数料 44、62
為替市場 42
為替市場の季節要因 42
為替変動リスク 56
為替レート 44
環境問題 134
管理フロート制度 48、128
企業物価指数 54、136
基軸通貨 46、114

『人民元・ドル・円』　田村秀男著　岩波新書
『円とドル　―日米為替「戦争」―』　朝日新聞経済部編　講談社現代新書
『金融迷走の10年　―危機はなぜ防げなかったのか』　日本経済新聞社編　日本経済新聞社
『入門　環境経済学　―環境問題解決へのアプローチ』　日引聡　有村俊秀著　中公新書
『イスラム金融　―仕組みと動向』　イスラム金融検討会　日本経済新聞出版社
『サブプライム問題とは何か　アメリカ帝国の終焉』　春山昇華著　宝島新書
『アメリカの死んだ日　―ドキュメント1929年・ウォール街（1979年）』　ゴードン・トマス著　マックス・モーガン=ウィッツ著　TBSブリタニカ
『入門 金融先物戦略』　大和総研著　東洋経済新報社
『図説　中国経済』　渡辺利夫著　白砂堤津耶著　加藤 弘之著　文大宇著　日本評論社
『2時間でわかる図解 中国のしくみ　―WTO加盟後と新指導部体制対応版』　稲垣清著　中経出版
『東南アジアを読む地図』　浅井信雄著　新潮社
『新・アジアを読む地図　―21世紀に大変貌する経済・政治・民族・宗教・文化の徹底分析』　大薗友和著　講談社
『お金で困らない人生のための最新・金融商品五つ星ガイド』　佐藤治彦著　講談社
『図解早わかり！「日本経済新聞」の読み方　―「知恵」と「情報」がどんどん頭の中に入ってくる！』　佐藤治彦著　三笠書房
『トクをする外資系金融商品がわかる本　―これからは“海外モノ”で資産倍増！』　佐藤治彦監修　主婦と生活社
『暮らしと金融なんでもデータ』　渡辺 孝著　金融広報中央委員会
『金融商品なんでも百科』　金融広報中央委員会
『JMM 金融経済のヌーヴェル・ヴァーグ』　村上龍編　NHK出版
『ベーシック　金融入門』　日本経済新聞社編　日本経済新聞社
『銀行取引　―銀行と取引先のための法律知識』　加藤一郎　吉原省三編　有斐閣選書

参考資料文献・URL

財務省ホームページ（http://www.mof.go.jp/）
外務省ホームページ（http://www.mofa.go.jp/mofaj/）
総務省ホームページ（http://www.soumu.go.jp/）
厚生労働省ホームページ（http://www.mhlw.go.jp/）
産業経済省ホームページ（http://www.meti.go.jp/）
日本銀行ホームページ（http://www.boj.or.jp/）
FRBホームページ（http://www.federalreserve.gov/）
IMFホームページ（http://www.imf.org/external/index.htm）

著者プロフィール

佐藤治彦（さとう　はるひこ）

　1961年東京生まれ。慶應義塾大学商学部卒業。東京大学社会情報研究所教育部修了。日本ペンクラブ会員。大学卒業後、JP モルガン、チェースマンハッタン銀行にて、外国為替市場においてデリバティブを用いた新商品開発、為替戦略などを手がける。手がけた新商品はメディアの注目も集める。東京、ロンドン、ニューヨークの三大市場を経験した後退職し、湾岸戦争直後の国連ボランティア、金融誌記者、経営コンサルタント事務所などを経て独立。現在は経済評論家／ジャーナリストとして、テレビ、ラジオ、雑誌などで活躍中。主な著作には、『最新・金融商品五つ星ガイド』（講談社）、『図解早わかり!「日本経済新聞」の読み方』（三笠書房）、『アジア自由旅行』（島田雅彦と共著、小学館）、『ええじゃないか!～テリー&ハリーの日本再生計画』（テリー伊藤と共著、オーエス出版）、『使い捨て店長』（洋泉社）など。趣味はクラシック音楽鑑賞。近年は経済番組だけでなくバラエティ番組などでもおなじみとなった。また、暇があると海外旅行を楽しみ、コメディ劇の戯曲を書いているという意外な一面もある。

ブログ　http://fannylife.blog43.fc2.com/　連絡先 CMA　03-3589-8011

参考資料文献

『日本の統計　2008　総務省統計局』総務省統計研究所　日本統計協会
『世界の統計　2008　総務省統計局』総務省統計研究所　日本統計協会
『世界経済白書』　経済企画庁編　大蔵省印刷局
『世界経済の潮流』　内閣府　政策統括官室著
『イギリスの金融・証券革命』　W.A.トーマス著　東洋経済新報社
『海外経済指標の読み方』　日本銀行国際統計研究会著　東洋経済新報社
『経済指標の見方・使い方』　日本銀行経済統計研究会編　東洋経済新報社
『米国金融ビジネス』　沼田優子著　東洋経済新報社
『海外における消費者行政の動向 —規制緩和と消費者行政—』　経済企画庁国民生活局消費者行政第一課編　大蔵省印刷局
『日米経済問題 100 のキーワード』　行天豊雄　黒田眞編　有斐閣
『図説　日本銀行』　白川方明　武藤英二編　財経詳報社
『世界各国の証券税制』　富永秀和著　税務研究会出版局
『波乱の時代　—世界と経済のゆくえ—』　アラン・グリーンスパン著　日本経済新聞出版社
『FED ウォッチング　米国金融政策の読み方』　デビッド・M. ジョーンズ著　日本経済新聞社
『ザ・MOF 大蔵省権力とデモクラシー』　石澤靖治著　中央公論社
『アメリカ金融制度の新潮流』　松尾直彦著　金融財政事情研究会
『ゼミナール アメリカ経済入門』　マイケル・B. レーマン著　有斐閣
『アメリカ公社債投資のすべて（1979 年）』　デービッド・M. ダースト著　東洋経済新報社
『ミューチュアルファンド入門』　野村総合研究所研究創発センター編　東洋経済新報社
『投資信託のしくみがわかる本』　高橋元著　WAVE 出版
『政と官』　後藤田正晴著　講談社
『マネー敗戦』　吉川元忠著　文春新書
『国際金融の現場　—市場資本主義の危機を超えて』　榊原英資著　PHP 新書
『日本の盛衰　—近代百年から知価社会を展望する』　堺屋太一著　PHP 新書

弘兼憲史（ひろかね　けんし）

1947年山口県生まれ。早稲田大学法学部卒。松下電器産業販売助成部に勤務。退社後、1976年漫画家デビュー。以後、人間や社会を鋭く描く作品で、多くのファンを魅了し続けている。小学館漫画賞、講談社漫画賞の両賞を受賞。家庭では２児の父、奥様は同業の柴門ふみさん。代表作に、『課長 島耕作』『部長 島耕作』『加治隆介の議』『ラストニュース』『黄昏流星群』ほか多数。『知識ゼロからのワイン入門』『知識ゼロからのカクテル＆バー入門』『知識ゼロからの簿記・経理入門』『知識ゼロからの企画書の書き方』『知識ゼロからの敬語マスター帳』『知識ゼロからのM＆A入門』『知識ゼロからのシャンパン入門』（以上、幻冬舎）などの著書もある。

装幀　石川直美（カメガイ デザイン オフィス）
装画　弘兼憲史
本文漫画　『課長 島耕作』『部長 島耕作』『専務 島耕作』（講談社刊）より
本文デザイン　高橋デザイン事務所（高橋秀哉）
編集協力　ヴュー企画（池上直哉　近持千裕　蒲生真穂）
編集　福島広司　鈴木恵美（幻冬舎）

知識ゼロからの為替相場入門

2009年7月25日　第１刷発行

著　者　弘兼憲史　佐藤治彦
発行人　見城　徹
編集人　福島広司

発行所　株式会社 幻冬舎
〒151-0051　東京都渋谷区千駄ヶ谷4-9-7
電話　03-5411-6211（編集）　03-5411-6222（営業）
振替　00120-8-767643
印刷・製本所　株式会社 光邦

検印廃止

ISBN978-4-344-90162-9 C2033
Printed in Japan
幻冬舎ホームページアドレス　http://www.gentosha.co.jp/
この本に関するご意見・ご感想をメールでお寄せいただく場合は、comment@gentosha.co.jpまで。

芽がでるシリーズ

知識ゼロからの簿記・経理入門

弘兼憲史　定価（本体1300円＋税）

ビジネスマンの基本は何か？　数字なり。本書は経理マン以外の人にも平易に、効率的に会社や取引の全体像がつかめる一冊。資産・負債・資本の仕訳、費用・収益の仕訳をマンガで丁寧に説明。

知識ゼロからの決算書の読み方

弘兼憲史　定価（本体1300円＋税）

貸借対照表、損益計算書、キャッシュ・フロー計算書が読めれば、仕事の幅はもっと広がる！　難しい数字が、手にとるように理解できる入門書。会社の真実がわかる、ビジネスマンの最終兵器！

知識ゼロからのM&A入門

弘兼憲史　定価（本体1300円＋税）

ライブドアや村上ファンド、阪神と阪急の合併など、昨今話題にのぼるM&Aの基本をマンガで分かりやすく解説する入門書。企業合併に携わる経営や企画、管理などの部門の人には必須の一冊！

知識ゼロからのクレーム処理入門

弘兼憲史・援川聡　定価（本体1300円＋税）

お客様は神様ですと言われても、怒鳴られたり、無理を強いられると、今すぐ逃げ出したくなるもの。そんな手強いクレーマーに立ち向かう知恵と勇気を、No.1プロが教えるビジネス入門書。

知識ゼロからのビジネス法務

弘兼憲史・萩谷法律事務所　定価（本体1300円＋税）

あなたの仕事と会社を守るために、法務は不可欠。コンプライアンス、M&A、知的財産権、インターネット契約、労働契約、クレーム処理……。正しい経営と利益UPが実現する法律知識を完全網羅。

知識ゼロからのマルクス経済学入門

的場昭弘・弘兼憲史　定価（本体1300円＋税）

アメリカ発世界金融危機を19世紀のマルクスは予言していた。格差を生んだのは誰か。会社は誰のものか。なぜ労働者は搾取され、リストラされるのか。マンガと図解で『資本論』がよくわかる。